기도를 송두리째 바꾸신 예수 그리스도

기도를
송두리째 바꾸신
예수 그리스도

박리부가

주 님 이 이 끄 시 는 기 도

규장

주님이 이끄시는 기도로 사는 사람

아내가 쓴 이 기도의 책의 추천사를 쓰는 것은 제가 아내의 기도 사역을 처음부터 지금까지 지켜본 증인이기 때문입니다. 아내는 제 목회와 예수동행운동에 있어서 강력한 중보기도의 사역을 감당했습니다. 어느 목회자 부부가 그렇지 않겠습니까만 아내의 기도 사역에는 특별한 것이 있습니다.

기도의 다음 세대, 어떻게 이을 것인가?

제가 어릴 때 부모님이나 교인들의 기도는 특별했습니다. 한마디로 목숨을 걸다시피 한 기도였습니다. 이것은 한국 교회를 향한 하나님의 특별한 은혜의 역사였습니다. 당시 우리나라 형편이 너무 힘들었기 때문이었다고 말할 사람도 있겠지만 우리보다 더 큰 고통의 시절을 보냈던 나라들에 꼭 '기도하는 교회'가 세워진 것은 아니었습니다.

우리 민족은 특별한 기도의 은혜를 받은 민족입니다. 그것은 엄청난 신앙 유산입니다. 오늘날 한국 교회 성도들이 이전 세대처럼 기도하지 못해도 기도는 그렇게 해야 한다는 생각을 가지고 있습니다. 부모 세대의 목숨 건 기도를 보고 자란 우리가 제대로 기도하지 못한다면 우리를 보고 자란 우리의 다음 세대는 어떻게 기도할까 하는 걱정이 있습니다.

지금 한국 교회 교인들의 기도는 예전에 비하면 안타까울 정도로 형식적이고 무기력합니다. 그런 모습을 보고 자라는 다음 세대가 거의 기도하지 않는 그리스도인이 되지 않을까 걱정이 됩니다. 아내는 장모님이신 김재희 장로님의 기도를 보고 자랐고, 아내 자신이 기도의 사람으로 세워졌습니다. 그래서 세대를 이은 기도의 전달자가 된 것이 참 감사합니다.

그러나 무조건 뜨겁게 기도하는 것만이 능사는 아닙니다. 한번은 한국 교회를 탐방하기 위하여 왔던 중국 목회자가 질문을 하였습니다. "한국 교회는 기도 많이 하는 교회로 알고 있는데, 왜 기도 많이 하는 교회가 침체되어 가며, 사회적인 신뢰가 떨어지는 것입니까?" 그 질문을 듣고 너무나 부끄러웠습니다.

한국 교회의 문제는 단지 기도의 열심이 식은 것만이 아닙니다. 진정한 기도의 기쁨은 잃은 채, 기도를 문제 해결과 은사, 축복과 성공을 위한 수단으로 여기는 것입니다. 이로 인해 교회와 그리스도인을 향한 사회적 비난이 커지고 다음 세대가 교회를 외면하는 이유 중에 하나가 되고 있습니다. 아내의 책은 바로 이 점을 다루고 있습니다.

중보기도회와 말씀기도회의 은혜

제 아내의 삶에는 많은 어려움이 있었습니다. 고등학교 3학년 때, 그것도 자신의 생일에 목사였던 아버지가 간암으로 하나님의 부름을 받았습니다. 그 후 가정 살림을 도와야 한다는 책임감으로 대학생활을 보내야 했습니다. 좋은 학교를 졸업하고 좋은 직장에 취직하였는데, 가난한 전도사와 결혼하고 자신의 꿈과 계획을 포기해야 했습니다.

홀로 되신 시아버님을 모시며 집안 살림을 도맡아야 했고, 농촌 미자립교회 담임전도사의 아내로 농번기에는 마을 아이들을 돌보아야 했습니다. 제가 군목 훈련을 받다가 중상을 입고 귀가하였다가 결국 군목으로 임관하고 제대하기까지 6년 동안 말로 설명하기 힘든 시절을 보냈습니다.

어려웠던 시절, 아내가 붙잡은 것이 주님이었습니다. 주님께 나아가 기도하는 것이 아내의 힘이요 위로요 기쁨이 되었습니다. 그런 아내를 곁에서 지켜보며 기도 시간에 아내에게 주님의 마음이 부어지는 것을 알 수 있었습니다. 담임 목회를 하면서 아내의 기도는 교인들을 위한 중보 사역으로 한층 더 깊어졌습니다. 저의 가정도, 제 삶도 어려움의 연속이었지만 교회의 목회 현장 역시 어려움이 많았습니다. 더욱이 교인들의 삶의 어려움은 끝도 없이 밀려왔습니다.

힘든 일이 생기면 기도 부탁을 해오는 교인들의 기도 제목을 들으며 아내는 늘 울면서 기도하고 또 기도했습니다. 처음에는 혼자 기도하였지만, 기도가 갈급한 이들이 함께 기도하게 되면서 자연스럽게 아내가 중보기도 모임을 이끌게 되었습니다. 그 기도 모임에 점점 많은 사람들이 모여들면서 중보기도회가 되고 중보기도학교가 되었습니다.

그 무렵 아내는 성경 말씀을 붙잡고 기도하는 눈이 열렸고 아내의 기도 사역은 차원이 달라졌습니다. 아내의 기도도, 교인들의 기도도 달라지기 시작했습니다. 말씀기도는 교인들에게 강력한 성령의 도구가 되었습니다. 그러면서 아내의 말씀 사역이 시작되었고 아내가 인도하는 중보기도회가 기도만이 아니라 말씀으로 은혜를 받는 시간이 되었습니다.

기도 강의와 기도 집회에 대한 요청도 점점 많아졌고 전국적인 사모 세미나도, 해외 선교사 수련회 등도 섬기게 되었습니다. 그럴 때마다 아내는 늘 밤새 기도하며 말씀을 준비하곤 하였습니다. 갈급한 성도들이 허전하게 돌아가지 않기를 바라는 마음인 것 같았습니다. 그렇게 힘들여 준비했지만 그 때마다 너무나 강한 성령의 역사가 있었습니다. 집회를 다녀오는 아내를 보면 마치 자신이 새로운 은혜를 경험하고 돌아오는 것 같았습니다.

다음 요청이 있을 때는 같은 말씀을 다듬어서 다시 전해도 될 것 같은데, 매번 다시 기도하고 말씀 준비를 처음부터 다시 하였습니다. 그렇게 아내가 전하는 말씀의 핵심 메시지가 더 강력해지고 풍성해졌습니다. 무엇보다 기도 현장에서 경험하는 구체적인 사례가 늘 새로웠습니다. 아내가 기도와 관련한 강의를 하면 목회자들과 사모님들도 눈물을 흘렸습니다. 종종 목회자들과 교인들이 조용히 제게 다가와서 "사모님의 말씀이 목사님 설교보다 더 은혜로워요"라곤 하였습니다.

주님의 마음으로, 주님의 말씀으로 기도하라

어느 순간부터 아내의 강의를 책으로 출간해달라는 요청이 많아졌습니다. 아내도 그것이 받은 은혜를 정리해서 나누라는 주님의 이끄심이라 느끼는 것 같았습니다. 아내는 말씀 사역을 하게 되면서 성경과 기도, 신학과 사람에 대한 학문적인 공부를 학교에서 좀 더 해야 하지 않을까 하는 생각을 하였지만, 목사의 아내로서 교회를 섬기는 일이 우선순위가 되다보니 좀처럼 그럴 여건이 되지 않았습니다. 남편으로서 그 점이 미안합니다.

그런데 제가 보니 성령께서 아내에게 직접 가르치시는 것 같았습니다. 보아야 할 책을 알게 하시고, 들어야 할 말씀을 듣게 하셨습니다. 더욱 중요한 것은 알아야 할 것을 실제 기도를 통하여 배우고 어려운 문제를 통하여 깨닫는 것입니다. 기도에 대하여 아는 사람과 실제 기도하는 사람은 다릅니다. 마찬가지로 기도하는 사람과 기도로 사는 사람도 다릅니다. 어느 순간 아내는 기도로 살고 있었습니다.

기도에 대한 아내의 책이 나오는 것이 기쁜 이유는 단지 한국 교회 안에 기도의 열심과 뜨거움이 회복되기 원해서만은 아닙니다. 한국 교회 안에 주님의 마음으로 기도하고, 성경의 약속을 붙잡고 기도하는 말씀 기도가 일어나는 계기가 될 것이 믿어지기 때문입니다. 중보기도 사역에 대한 핵심 메시지를 정리하여 출간한 이 책이 한국 교회 안에 다시 기도의 부흥을 일으키시는 성령의 도구로 사용될 것이라 기대합니다.

유기성 목사

무명의 기도자들께 드리는 감사

10여 년 전 규장 여진구 대표님으로부터 출판 제의를 받았을 때 사랑하는 기도 동역자 사모님들과 같이 기도하였습니다. 사모님들이 주님이 꼭 하라고 하시지만 지금은 아닌 것 같다고 기도를 모아주셨습니다. 사모님들 중에 그림으로 응답을 받으신 분이 있었는데, 하얀 덮개가 덮인 채 햇볕에 잘 말리고 있는 된장독의 모습이었습니다. 장을 숙성시키듯 더 기다리라는 말씀으로 받아들여졌습니다.

그리고 12년이 지났습니다. 그때보다 저는 성숙했을까요? 제 기도는 더 깊은 맛을 내게 되었을까요? 자신이 없습니다. 그러나 저의 주님을 더욱 사랑하게 되었다는 고백은 할 수 있습니다.

이 글을 쓰면서 한 가지 소원을 품게 됩니다. 제가 기도의 선진들이 쓰신 기도의 책을 읽을 때 바로 무릎이 꿇어지고 기도하고 싶어졌던 것처럼 이 책을 읽는 누군가에게도 무릎 꿇고 기도하고 싶어지는 갈망이 일어나는 것입니다. 기도를 짐처럼 여기는 이들이 기도가 행복한 축복이라는 것을 누리면 좋겠다는 마음입니다.

하나님이 저를 목사의 아내로 부르시고, 살아온 지난 40년 세월을 돌아보니 겉으로 드러났던 사람은 강단에 서 있는 남편이었고 기도회를 인도하던 저였지만, 수많은 이름 없는 중보기도자들이 그 세월 속에 촘촘히 박혀 있었습니다. 그 분들이 계셨기에 저희 내외의 삶과 목회가 지금껏 이어져왔습니다.

저희가 아플 때는 생명을 바꿔달라고 기도하신 분들이 계셨고, 교회를 위해 눈물의 기도로 새벽과 밤을 깨우신 분들이 계셨습니다. 제가 기도의 길을 갈 수 있도록 앞서가신 수많은 믿음의 선진들이 계셨습니다. 마음이 힘들고 막막한 광야에 혼자 서 있는 것 같을 때, 기도의 자리에 앉으면 하늘의 허다한 증인들의 응원이 얼마나 큰 힘이 되던지요.

저에게는 지금도 자녀들을 위해, 교회를 위해 쉬지 않고 기도하고 계신 어머니가 계십니다. 기도의 사람인 양 부풀려 보이는 저와 달리 정말 기도로만 살아오신 분입니다. 오직 기도로 살아오신 어머니로 인해 지금까지 제가 사명을 잘 감당할 수 있었고, 믿음의 부요함을 누리게 되었습니다.

전한 대로 말씀을 살아내려고 몸부림치는 남편을 통해 저는 예수 믿는 일은 꾸미고 감추는 것이 아니라 드러내고 드러내도 부끄럽지 않은 행복한 길이라는 것을 알게 되었습니다. 부족하고 바쁜 엄마이지만 기도하는 엄마를 귀히 여겨주는 딸들도 참 고맙습니다.

무엇보다 제가 주님으로부터 배운 대로 전하고 함께 기도할 수 있는 장을 펼쳐주신 교회에 감사드립니다. 기도가 고파서, 기도 외에는 길이 없어서 기도의 자리에 엎어졌는데, 그 자리에는 늘 눈물로 기도하는 교인들이 계셨습니다. 함께 주님을 붙잡고 서로를 북돋워 기도하고 걸었더니, 울고 웃는 모든 순간이 우리의 믿음을 흔들어서 다시 세우는 복된 은혜가 되었습니다. 마음을 아프게 했던 가시조차 넌 진짜냐고 물어보시는 주님의 음성이었습니다.

먼저 이 길을 가시고 지금도 같이 가고 있는 모든 무명의 기도자들께, 그리고 삶으로 기도를 가르쳐주신 어머니께 이 책을 드립니다.

기도의 집으로 서게 하소서
함께 기도의 길을 가게 하소서

내가 기억하는 첫 번째 기도

목회자 집안에서 자라난 제게 기도는 숨을 쉬고 밥을 먹고 잠을 자는 것처럼 일상생활의 자연스런 일부였습니다. 그러나 자연스런 일상이란 말은 저의 환경 속에서 경험되는 일이란 뜻이지, 제가 기도로 사는 것이 자연스러운, 기도의 사람이라는 뜻은 아니었습니다. 밥 먹을 때 하는 기도, 교회에서 예배 시간에 드리는 기도가 제 기도의 전부였습니다.

그런 제게 처음으로 기도다운 기도를 시작하게 된 일이 생겼습니다. 고3 여름, 아버지가 갑자기 간암 선고를 받으신 것입니다. 남의 이야기가 아닌 내 이야기였고, 믿을 수 없지만 현실이었습니다. 1970년대에 암은 곧 죽음을 가리키는 것이기에 저는 기도를 시작했습니다. "아버지를 고쳐주세요"로 시작해서 "아버지를 고쳐주세요"로 마치는, 그저 절박한 마음만 올려드리는 기도였습니다.

그 기도에도 불구하고 아버지는 진단을 받으신 지 두 달 만에 돌아가셨고, 그때부터 저희 가정은 큰 교회 담임목사의 가정에서 생계가 막막한 과부의 가정이 되었습니다. 제가 기억하는 첫 번째 기도는 좌절로 끝났습니다.

그 후 저희 가정은 어머니의 간절한 기도를 통해 날마다 하나님이 친히 내려주시는 만나와 메추라기로 사는 은혜의 삶을 살았지만, 믿음의 눈으로 상황을 해석하지 못했던 제게는 기도하고 그 응답으로 삶의 필요가 해결되는 삶이란 그저 고단한 삶일 뿐이었습니다.

생계를 위해 대학을 포기하고 공장이라도 가서 엄마를 도우라는 친척 어른의 근심 어린 충고도 들었지만, 주님은 저부터 막내동생에 이르기까지 사 남매 모두 남들이 부러워할 만한 공부를 다 할 수 있도록 길을 열어주셨습니다. 아버지가 심어놓으신 믿음의 씨앗을 어머니의 기도로 거둔 열매였습니다.

나에 대한 절망으로부터 시작된 진짜 기도

대학을 졸업할 무렵 결혼을 위해 배우자 기도를 해야겠다는 마음이 들어서 기도를 시작했습니다. 그저 식사기도 수준의 기도였지만 매일 밤 잠자리에서 하나님께 기도를 드렸습니다. 어떤 직업의 남자라도 괜찮은데 목사는 절대 아니라고 생각했지만, 언젠가 주님이 그 길로 부르시면 어떡하나 하는 불길한(!) 예감이 있었습니다.

주님의 인도하심을 따라 전도사인 남편을 만나게 되었습니다. 이 사람이 나의 배우자인지를 기도하던 어느 날 밤, 주님이 꿈속에서 제게 여호수아서 5장 말씀을 주셨습니다. "여호수아 5장 15절을 보아라." 깨어서 찾아보니 여호수아가 하나님의 군대 장관을 만났을 때 "네가 선 곳은 거룩하니 신을 벗으라"는 말씀을 주셨던 장면이었습니다. 기도라고 할 수 없는 초라한 기도를 통해서도 주님이 응답을 주신 기도의 경험이었습니다.

결혼 후 군목으로 입대하여 훈련을 받던 남편이 고관절이 부러지는 중상을 입고 회심하였습니다. 수술 대기실에서 수술을 기다리던 밤에 하나님 앞에서 자기의 영적 실상을 깨닫고 회개한 남편은 이제 자기 유익을 구하지 않는 진정한 하나님의 종으로 살겠다고 고백했습니다. 그러나 남편의 회심이 곧 저의 회심은 아니었습니다.

퇴소 조치되어 집으로 돌아온 남편은 오직 기도로만 주님의 인도하심을 받겠다고 하루 종일 말씀과 기도로 지내는데, 제가 처한 현실은 거동이 불편하여 목발에 의지해서 지내는 남편과 5개월

된 딸, 아기 우윳값도 없이 시댁에 얹혀살며 대식구의 살림을 해야 하는 삶이었습니다. 제 영혼은 메마르고 갈라져갔습니다.

이듬해 남편은 몸이 성치 않으니 군대에 가서 아마 신체검사만 하고 돌아올 거라 했는데 아무런 소식 없이 돌아오지 않았습니다. 입대가 된 것인지, 어디로 갔는지 뜬눈으로 밤을 지새우는 일주일이 지난 후 남편이 입대가 된 것을 알게 되었습니다. 누구에게 남편의 행방을 물어봐야 할지, 누가 도와줄 수 있을지 막막하였던 그때, 저는 제 믿음의 현주소를 보았습니다.

사람은 위기의 때에 자기에게 익숙한 것이 나오기 마련입니다. 위기를 만나고 보니 제게 익숙한 것은 기도가 아니라 두려움이고 불안이었습니다. 그때 제 믿음의 실체를 본 충격으로 저는 비로소 진짜 기도의 자리로 나아가게 되었습니다. 자신에 대한 절망 없이 기도가 간절해지는 경우는 없습니다. 그때 진짜 기도가 시작된 것입니다.

주님은 문제를 통해 저를 주님 앞으로, 말로만 "하나님 아버지"라고 고백하던 그 하나님 앞으로 이끄셨습니다. 기도는 갈망이 되었고, 그 갈망은 더욱 주님을 사모하는 불이 되어 지금까지 저를 간절함과 갈급함으로 이끌고 있습니다.

주님, 제게 기도를 가르쳐주소서

남편이 군목으로 임관한 뒤 지내게 된 철원의 군 관사에서 저는 기도를 배웠습니다. 마음이 너무 갈급했기에 혼자서 작정기도를 하며 매일의 기도를 이어갔습니다. 천국을 사모하는 마음이 일어났고, 하나님의 뜻대로 살고 싶은 갈망이 생겼습니다.

부산에서 목회할 때, 일가친척이나 친구 하나 없는 부산이 다른 나라처럼 느껴질 때, 몸이 아파 몇 달씩 하루 종일 누워만 있어야 했던 때에도 외로운 시간은 너무나 훌륭한 '주님의 기도학교'가 되었습니다. 질병과 가난, 외로움은 주님의 학교에 입학하는 문입니다. 기도의 사람들이 쓴 기도에 관한 여러 책들은 제게 교과서가 되었고, 교회 안에서 일어나는 크고 작은 문제들은 깨달은 진리를 그대로 적용해볼 실습편이 되었습니다.

목사의 딸에서 목사의 아내가 되었기에 제 안에서는 교회 안에서 당연하게 여겨지는 많은 일들이 과연 성경적인가에 대한 질문이 끊임없이 일어났습니다. 기도도 예외가 아니어서 기도하면서 일어나는 많은 질문들을 주님께 질문하고 그 질문에 대한 답을 주님으로부터 배웠습니다.

예를 들면 "기도는 만사(萬事)를 변화시킨다고 했는데, 왜 기도하는 기도자 자신은 안 변하는 겁니까?", "기도 많이 하는 분들이 귀하기는 한데, 왜 그 분들에게 겸손과 아름다운 모습보다 완고함과 교만이 보일까요?", "중보기도와 기도는 같은 것입니까, 다른 것입니까?" 등등 매번 질문이 생길 때마다 써두고 기도 시간에 주님께 여쭈어보면, 주님은 성경을 통해서, 우연처럼 읽은 책을 통해서, 기도 시간에 주시는 말씀을 통해서 답을 얻게 하셨습니다.

저의 날마다의 기도에는 지금도 여전히 "주님, 제게 기도를 가르쳐주소서"라는 기도가 들어 있습니다. 주님은 제가 어린아이처럼 질문하며 나아갈 때 한 번도 외면하지 않으시고 친절하게 제 질문에 응답해주셨습니다. "누구든지 지혜가 부족하거든 모든 사람에게 후히 주시고 꾸짖지 아니하시는 하나님께 구하라"(약 1:5)는 야고보 사도의 말씀은 진리입니다. 누군가 제게 기도생활을 하면서 받은 가장 큰 복이 무엇이냐고 묻는다면, 나이를 먹어 느긋해지는 것이 아니라 점점 더 주님을 갈망하게 되고 주 앞에서 흘릴 눈물이 여전히 많다는 것입니다.

처음부터 제가 무슨 기도 사역을 하겠다고 나섰던 것은 아닙니다. 중보기도는 보이지 않는 곳에서 충분히 감당할 수 있는 숨겨진 사역이기에 사모가 드러나지 않으면서도 교회를 잘 섬길 수 있는 일이라 생각했습니다. 교회는 기도로 움직이며 기도가 필요한 성도들은 항상 많았기 때문입니다. 그렇게 혼자서 혹은 몇몇 교인들과 함께 기도하기 시작한 일이 저의 사역이 되었습니다.

20년 전 선한목자교회에 와서 마주한 위기는 기도 외에는 다른 방법이 없는 상황이었습니다. 하나님은 절망의 자리에서 시작한 그 기도가 갈망이 되게 하셨고 사역이 되게 하셨습니다. 선한목자교회는 전임 목사님이 기도를 강조하고 뜨거운 성령의 역사를 강조하던 '믿음의 집'으로 1988년에 개척되었습니다. 2003년 처음

교회에 왔을 때 교회 대형버스에는 "기도는 만사를 변화시킨다"라고 크게 적혀 있었습니다. 교인들이 기도를 참 많이 했고, 짓다가 멈춘 본당의 콘크리트 기둥과 벽에도 빼곡하게 교인들의 기도 제목이 적혀 있었습니다.

그토록 기도를 많이 강조했는데 어려운 일이 생기고 보니 교인들은 기도의 좌절, 목회자에 대한 배신감, 부도 위기에 있는 교회 재정을 해결해야 하는 문제 등으로 혼란스러워했습니다. 무엇보다 기도 자체에 대한 혼란을 겪고 있었습니다. 기도에 대한 상처를 가득 안고 있으면서도 가장 절박한 기도를 드려야 하는 성도들을 보며 그들의 혼란스러움과 심령의 고통이 너무도 아프게 다가왔습니다.

기도와 순종이라는 생명의 외길

2003년 11월에 부임하여 2004년부터 기도 모임을 시작했는데, 교회 중보기도로 모여보니 일곱 명의 권사님들이 함께하셨습니다. 처음 기도를 시작하는 것보다 기도가 굉장히 뜨거웠던 교회의 기도를 다시 시작하고, 기도의 터를 다시 세우는 일이 더 어려웠지만, 교회가 해결해야 하는 위기 상황이 오히려 기회가 되었고 진짜 기도로 나아가는 길이 되었습니다. 성경에 나와 있는 '그 교회'가 세워지는 것에 대한 고민과 순종이 교회도 세우고 기도 사역도 세운 것입니다.

"절대 모으고 아껴서 해결할 수 없는 어마어마한 이 부채는 기도 외에는 해결할 길이 없다. 하나님이 해주셔야만 할 수 있다"는 절박함은 "그러면 하나님이 해주실 수 있도록 하나님의 뜻대로 기도하는 것은 어떻게 기도하는 것인가?"라는 기도에 대한 근원적인 질문으로 이어졌습니다. 그리고 그 답을 찾아가는 과정을 통해 교회는 '만민이 기도하는 집'이라는 성경의 정의로 나아가게 되었습니다.

처음부터 무엇이 옳은 기도인지를 잘 알고 기도를 시작한 것이 아니었습니다. 교회의 기도를 바꿔보려고 의도한 것도 아니었습니다. 기도를 배우면서 기도를 가르쳤고, 기도를 가르치며 기도를 배웠습니다. 교회는 기도의 집이며, 기도의 목적과 목표와 방법이 다 '예수 그리스도'인 것을 알게 되었습니다. 제 안에서 일어나는 이 기도의 변화는 교회의 기도 사역의 변화가 되었으며 지금의 선한목자교회의 기도 사역이 되었습니다.

일곱 명으로 시작한 기도회가 지금은 전 세계 열방을 위해 기도하는 기도의 집이 되어 24시간 전 세계 열방 246개국을 위해 365일 기도하며 각 영역과 주제별 기도팀들이 운영되고 있습니다.

코로나 팬데믹으로 모일 수 없을 때 오히려 기도의 지경을 넓혀주셔서 '온라인 기도의 집'이 세워졌습니다. 전 세계 열방을 위해 기도하는 '만민을 위한 기도의 집'이 세계 각국에서 접속해 들어와 기도하는 성도들과 더불어 '만민이 함께 기도하는 집'이 되었습니다.

모일 수 없을 때는 서로 만날 수 있는 세 명의 성도가 만나거나 온라인으로 '삼겹줄 기도'를 하게 되어 교회로 모일 수 없는 상황에서도 연합기도의 깊이를 더해갔습니다. 인원 제한으로 기도실에 모일 수 없을 때는 넓은 본당에 거리를 두고 떨어져 앉아 기도할 수 있으니 본당을 개방하여 '도심 속의 기도원'을 열게 되었습니다.

매일 주님이 주시는 인도하심은 선명하게 드러날 때보다 스치는 생각과 세미한 음성으로 지나갈 때가 많습니다. 매 순간 순종을 드려 살겠노라고 결정하고 주님을 바라보면 그 인도하심을 붙잡을 수 있습니다. 그러나 아주 작기 때문에 처음에는 불순종해도 불순종한 것인지, 그저 지나가는 생각이었는지 분간하기 어렵습니다. 순종은 순종을 통해서만이 분명해집니다. 순종은 마치 겨자씨 같아서 순종을 드려보아야 그 결과가 어떠한지를 알게 되기 때문입니다. 순종은 둘 중 하나를 선택하는 것이 아닌 생명의 외길입니다.

선한목자교회에서 기도 사역을 감당하며 스쳐지나가듯이 주님이 주셨던 생각들을 붙잡을 수 있었던 것이 말할 수 없는 축복이었습니다. 마가다락방, 열방기도센터, 24시간 기도의 집, 온라인 기도의 집, 삼겹줄 기도, 매일합심기도가 그렇습니다. 하나님은 그 겨자씨들을 큰 나무가 되게 하셨습니다.

기도를 심고 기도를 거두는 사역

시중에 나와 있는 기독교 서적 중에서 가장 많이 다뤄지는 주제가 '기도'일 것입니다. 신학자도 목사도 아닌 제가 기도에 대한 책을 쓸 필요가 있을까요. 아직도 기도를 배워가는데 쓸 자격이 있을까요. 지금 이 순간에도 계속되는 질문이었습니다.

남편이 은퇴를 하고 제가 담임목사의 아내로서 교회 안에서 계속 감당하던 중보기도 사역과 중보기도 학교를 내려놓으며 지금까지의 내용을 남겨야 한다는 부담감이 생겼습니다. 잘해놓은 일을 쓰는 것이 아니라, 기도의 방향성과 목적이 자리를 잡아 실제가 되기까지 걸린 시간을 정리해놓으면 누군가는 그것을 발판으로 그 지점부터 시작할 수 있기 때문입니다.

지난 20년간 중보기도 사역을 통해 주님이 중요하게 가르치신 것이 있습니다. 첫 번째는 복음의 생명이 기도 사역의 핵심이기 때문에 모든 기도는 목적도 목표도 방법도 예수 그리스도 그분이어야 한다는 것입니다. 흔히 기도할 때 예수님의 이름으로 내가 원하는 것들을 아뢰어 받는 기도 응답이 목적이지 예수님이 목적이 아닌 경우가 많습니다. 예수님이 나의 목적이고 기도를 이끄시는 분도 예수님이십니다. 기도에 대한 판단과 결론을 내 경험으로 하지 않고, 오직 예수 그리스도께 초점을 두고 나아가면 초점이 달라지니 기도가 달라집니다. 주님이 이끄시는 기도의 세계는 우리의 생각과는 너무도 다른 놀라운 세계입니다.

두 번째는 십자가로 인해 구원받은 것이 복음의 진리라면, 기도의 영역에서도 복음이 진리가 되어야 합니다. 구원이 전적인 은혜라면 기도도 전적인 은혜입니다. 모든 것을 주님이 친히 이루시는 것이라면 기도도 주님이 친히 이루시는 것입니다. 그런데 기도에 대해서는 그렇게 생각하지 않습니다. 구원을 받아서 기도할 자격을 얻었으니, 이제부터 기도는 구원받은 내가 해야 할 일처럼 여깁니다. 간절하게, 많이, 끝까지 해서 응답을 얻어내는 것처럼 생각할 때가 얼마나 많은지요. 복음은 구원이 우리의 노력으로 이루어지는 것이 아니라고 하는데, 기도도 그렇습니다. 기도하는 과정 속에는 기도의 수고가 반드시 있습니다. 하지만 기도가 내 노력의 결과물은 아닌 것입니다. 그래서 성도들에게 구원의 감격, 값없이 받은 은혜가 그대로 복음이 되는 기도에 대해서 나누고 싶었습니다.

세 번째는 기도의 방향성입니다. 나 죽고 예수로 사는 십자가 복음이 분명하면, 기도는 하나님나라와 의를 구하는 방향으로 나아가게 되어 있습니다. 하나님나라와 의를 구하는 기도를 하다보면 우리를 향한 하나님의 계획과 사랑이 명확하게 보입니다. 모든 것을 더하실 것이기에 먼저 하나님나라와 의를 억지로 구하는 것이 아니라 하나님나라와 의를 구하는 기도가 기쁨이 됩니다. 하나님나라를 구하는 것이 의무가 아니라 소원이 되는 것이 가능하고 실제라는 것을 나누고 싶었습니다.

문제를 아뢰어 해결받고 필요를 구해서 응답받는 차원을 넘어서 삶을 뒤집어버리는 기도, 그리하여 오직 "예"와 "아멘"으로 살수 있게 하시는 기도, 이것을 고백하며 함께 기도하기를 원합니다.

그래서 교회마다 하나님나라와 의를 구하며 전 세계 열방이 주께 돌아오도록 선교 완성을 위해 나아가는 기도의 집으로 서는 역사가 있기를 소망합니다.

끊임없이 벌어지는 제 삶의 문제가 저를 기도에 자리에 앉힌 줄 알았는데, 하나님의 사랑의 열심이 저를 기도의 자리에 앉혔다고 이제는 분명하게 고백하게 됩니다. 저를 기도의 자리로 부르셨듯이 모든 기도자들을 사랑으로 부르시는 하나님의 마음에 함께 연합할 수 있기를 간절히 소망합니다. 기도자들이 각자 하나님나라와 의를 구하는 기도의 집으로 서면, 교회가 기도의 집으로 서는 일은 막연한 꿈이 아니라 반드시 주님이 친히 이루시는 실제임을 알게 될 것입니다.

나의 소망, 소원, 사랑, 믿음 되신 우리 주님을 찬양합니다. 우리의 삶을 낱낱이 뒤집어주신 예수 그리스도! 오직 주님만 영광을 받으소서.

박리부가

1장

복음의 진리를 누리는 기도

'신앙생활'과 '기도'는 서로 같은 말이라고 할 정도로 믿음의 길을 걷는 우리에게 딱 붙어 있는 단어입니다. 그럼에도 불구하고 기도가 충만하고 풍성한 이들을 만나보기가 쉽지 않습니다. 오히려 드러내놓지 않지만, 대부분의 사람들에게 기도의 좌절이 있습니다.

기도를 많이 하는 사람도, 기도를 열심히 하지 않는 사람도 모두 기도의 좌절을 겪습니다. 그 좌절은 기도 응답에 대한 좌절이 기도 하고 기도자인 자신에 대한 좌절이기도 합니다. 기도하면 기도하는 상황이 바뀌고, 기도하는 우리가 굳건하면 좋은데, 오히려 반대의 경우가 훨씬 많기 때문입니다. 그래서 항상 원하는 것은 '굳건한 나'와 '바뀌는 상황'인데 실제로는 '흔들리는 나'와 '변하지 않는 상황'에 매이게 됩니다. "이렇게 기도하는데도 응답이 안 돼. 내 기도를 듣고 계시는 거야?"라는 낙심이 들기도 하고, 열심히 사랑의 사람이 되게 해달라고 기도한 날 가족들에게 혈기를 쏟아내고 "내가 기도하는 사람인데 이게 뭐야" 하고 한탄을 하기도 합니다.

기도에 대한 좌절은 안타까운 일이지만 이런 좌절을 통해 얻는 유익이 있습니다. "내가 바른 기도를 하는 것일까?", "이 기도는 하나님이 기뻐하시는 기도인가?" 하는 기도에 대한 근본적인 질문을 하게 되는 것입니다.

우리의 기도는 과연 하나님이 원하시는 '그' 기도입니까?

한번은 어느 모임에서 설악산으로 수련회를 갔습니다. 일정 중에 비 소식이 있었습니다. 그런데 모임을 진행하는 분이 내일 설악산에 올라가는 일정이 있으니 비가 내리지 않도록 기도하자고 했습니다. 가뭄이 상당 기간 계속되었기 때문에 그 비는 꼭 내려야 할 단비였습니다. 우리의 여정을 위해 비가 내리지 않도록 기도하는 것을 주님은 어떻게 생각하셨을까요?

어느 해 7월 부산에 여선교회 집회를 갔던 적이 있습니다. 부산역에 내리니 경상도 말로 '억수로' 비가 쏟아지고 있었습니다. 마중 나온 사모님은 비 때문에 사람들이 많이 참석하지 못할 것 같다고 하였습니다. 제가 생각해도 그럴 것 같았습니다.

오전 집회를 마친 후 점심시간에 하도 울어서 눈이 충혈되어 있는 몇 분을 만날 수 있었습니다. 큰 은혜를 받았다고 고백하셨는데, 그 분들은 비가 와서 오히려 집회에 참석할 수 있었던 분들이었습니다. 시장에서 장사하는 분은 상가 전체가 문을 열지 못해 집회에 참석할 수 있었고, 공장에 다니는 권사님은 '이런 집회가 열려도 나는 참석할 수가 없구나' 하고 속상한 마음으로 출근하던 길에 회사로부터 비가 너무 많이 와서 공장 가동을 할 수 없으니 출근하지 말라는 연락을 받고 돌이켜 집회에 참석했다고 합니다. 당연히 사모하는 마음 때문에 은혜를 받으셨습니다.

그 집회 이후로 비가 오는 주일이 되면 제 기도가 달라졌습니다. "비가 오는데 교우들이 교회에 오기에 어려움이 없게 해주세요"라고 기도하던 기도가 바뀌어 "비가 오기 때문에 오늘 교회에 올 수 있는 교우들이 있습니다. 그 분들이 오늘 예배를 통해, 말씀을 통해 주님을 만나고 주님이 주시는 힘을 얻고 위로를 받게 해주세요"라고 말입니다.

2011년 선한목자교회 청소년국에서 사북 카지노 인근으로 발씻기 전도를 갔습니다. 카지노가 폐장하는 새벽 6시, 카지노 앞에 서서 기다린 학생들이 밤새 카지노에서 노름을 한 어른들의 발을 씻어주었습니다. 돈도 잃고 인생 막장에 다다른 것 같은 아침에 어린 학생들로부터 발 씻김을 받은 어른들의 마음에 말로 표현할 수 없는 감동이 일어났고, 예수님을 영접하는 일들이 일어났습니다. 이 일을 통해 아이들은 전도의 담대함을 얻었고 놀라운 역사를 체험했습니다. 마지막 날 사북의 중앙 광장에서 집회를 하는데, 비가 엄청나게 쏟아졌습니다. 그러나 폭우는 아무 문제가 되지 않았습니다. 비를 맞으며 울면서 모두 하나님을 찬양하고 춤을 추었습니다.

비 문제 하나로도 기도가 다 다릅니다. 우리는 어쩔 수 없이 눈에 보이는 것에 매이게 되어 있습니다. 그러니 우리의 눈이 무엇을 보느냐에 따라 눈이 열린 만큼 기도가 달라지게 됩니다.

기도는 현재의 모든 상황을 다르게 보는 눈이며, 지금의 상황을 현재의 관점으로만 해석하지 않고 미래의 관점에서 해석하게 하는 눈이 됩니다. 기도는 역사의 시작부터 역사의 종말까지 모든 순간을 다 알고 계신 하나님의 생각과 마음으로 들어가는 문(gate)이기 때문입니다. 상황과 여건대로, 눈에 보이는 대로 기도하지 않을 수 있는 길은 주님의 눈으로 보게 될 때입니다.

우리는 어려운 일을 만났을 때 고난의 기간을 보낼 때 한결같이 주 앞에서 길을 구합니다. 고난은 내가 살아왔던 방법과 방식이 한계에 다다랐다는 것을 말합니다. '고난'과 '주님이 열어주시는 길'이 같은 짝이라는 것이 참 놀라운 하나님의 경륜입니다. 고난을 통해 길을 찾게 되고, 예수님이 바로 길인 것을 알게 되기 때문입니다.

그러나 내가 가는 길을 그가 아시나니 그가 나를 단련하신 후에는 내가 순금같이 되어 나오리라 욥 23:10

내 영이 내 속에서 상할 때에도 주께서 내 길을 아셨나이다 시 142:3

코로나 팬데믹의 상황을 지날 때에는 이 상황이 종식되는 것이 가장 시급한 기도 제목이었습니다. 그러나 기도하다보면 하나님의 마음은 우리의 생각과 많이 다른 것을 알 수 있습니다. 우리는 이 일이 언제 끝날지가 관심사였는데, 주님은 모일 수 없고 혼자 있어야 할 때 우리의 믿음이 어떠한지를 보고 싶어하셨습니다. 그래서 악(惡)조차도 선용하시는 하나님의 손길 안에서 이 일을 통해 주님이 이루실 일은 무엇일까를 기도하게 됩니다.

어려움을 허락하시는 하나님 앞에서 우리의 죄악을 보게 되는 애통함, 사랑하는 가족을 잃은 이들을 향한 중보기도, 나라를 위한 기도 등 한 가지 기도 제목에서 꼬리에 꼬리를 물고 여러 가지 기도 제목이 나옵니다. 문제는 한 가지인데 기도 제목은 수백 가지가 됩니다. 여러분의 기도의 현주소는 어디입니까? 내 기도가 포함하는 영역은 어디까지입니까? 나와 관련이 없는 문제가 내 기도의 한복판으로 들어옵니까?

"어떤 기도가 옳은가?", "어떻게 기도해야 하나님이 원하시는 기도인가?" 하는 질문은 기도의 내용이나 방법의 문제이기보다 우리의 눈이 열려 하나님의 마음으로 들어갔는지, 성경이 말하는 기도의 진리대로 기도하는지를 살펴보면 알 수 있습니다.

1장 복음의 진리를 누리는 기도

기도는 기쁜 일입니까?

많은 이들이 기도의 자리에 나오는 이유는 응답받아야 할 기도 제목이 있기 때문입니다. 다급함, 절박함, 안타까움이 우리를 기도의 자리에 앉게 만듭니다. 그런데 기도의 자리에 앉아 쉼을 누리고 안식하기 위해서 기도의 자리로 나오는 이들은 과연 얼마나 될까요? 기도하는 시간이 너무 행복해서 그 기쁨 때문에 기도하는 이들은 또한 얼마나 될까요? 많은 성도들에게 기도는 해야 할 의무이지 기쁜 일이 아닌 것이 현실입니다.

늘 새벽기도회에 빠지지 않는 권사님이 한번은 이런 하소연을 하였습니다. "다들 집에서 편히 자는데, 나만 팔자가 사나워 이 추운 새벽에 나와 기도하네요." 상황이 참 어려운 분이기에 그 낙심이 이해가 되었지만 그 말 속에는 어서 환경이 좋아져서 새벽에 나와 기도하는 수고를 면하고 싶은 마음이 들어 있었습니다.

흔히 기도는 호흡이고 말씀은 양식이라고 하는데, 이 말이 생생한 나의 고백입니까? 늘 자주 들어서 익숙하지만 나 자신의 것이 아닌 말들이 많습니다. 기도를 안 해도 숨이 막히지 않고, 말씀을 읽지 않아도 허기를 느끼지 못한다면 나의 영적 상태와 기도를 돌아봐야 합니다. 나의 기도를 정확히 진단할 수 있는 질문이 있습니다. "나는 기도가 기쁜가?"라는 질문입니다. 여러분은 기도하는 것이 부담스럽습니까? 기도를 안 하는 게 부담입니까? "나는 기도가 정말 기쁜가?"라고 스스로 질문해보십시오.

우리 기도의 문제

우리가 겪는 기도의 좌절과 기도의 부침은 여러 다양한 원인이 있겠지만, 정리해보면 두 가지 문제로 요약할 수 있겠습니다. 하나는 진리로 기도하지 않는다는 것이고, 둘째는 하나님과의 관계가 너무 피상적이라는 것입니다. 이 말을 뒤집어보면 하나님이 원하시는 기도는 진리로 기도하는 기도이며, 하나님과의 살아있는 관계로 하는 기도라는 것을 알 수 있습니다.

진리로 기도하지 않는다는 것이 무엇입니까?

❶ 기도의 시작이 '나'입니다. 기도의 초점이 '나'입니다.

1984년 남편이 군목 훈련 중 부상을 당하고 회심하였고, 부상 때문에 귀가 조치되어 목발을 짚고 집으로 돌아왔습니다. 이듬해인 1985년 4월, 남편은 몸 상태가 온전하지 않으니 신체검사만 받고 돌아올 것이라고 하고 갔는데, 소식이 끊겼습니다. 지금처럼 군대에서 연락할 수 있는 때가 아니기에 땅으로 꺼졌는지 하늘로

1장 복음의 진리를 누리는 기도

솟았는지 도무지 알 수 없었습니다. 일주일 후, 몸이 성치 않아 훈련을 전혀 받을 수 없는 상태임에도 불구하고 그 자리에서 입대가 되었다는 것을 알았습니다.

걱정으로 몇 밤을 뜬눈으로 지새우는 동안 저는 제 믿음의 현주소를 보았습니다. 가장 가까운 부부임에도 남편의 회심이 곧 저의 회심은 아니었고, 저와 아무런 관계가 없다는 것을 깨달았습니다. 교회학교 고등부 교사를 할 때 맡았던 학생들이 어느덧 중년의 권사들이 되어 지금까지 잊지 않고 저를 찾아옵니다. 별문제가 없었다면 저는 꽤 괜찮은 신앙인이라고 생각했을 것입니다.

누구나 위기의 때에 자기에게 익숙한 것이 나오기 마련입니다. 돈이 익숙한 사람은 돈을 찾고, 사람이 익숙한 사람은 사람을 찾습니다. 위기에 부딪히고 보니 기도는 익숙한 저의 환경이었을 뿐, 실제로 제게 익숙한 것은 기도가 아니라 걱정과 두려움이었습니다. 어머니 기도에 얹혀살다가, 남편의 기도에 얹혀사는 껍데기였습니다. 그날의 충격이 저를 기도의 자리로 이끌었고, 기도의 갈망을 부어주신 주님으로 인해 지금까지 기도를 배워오고 있습니다.

많은 그리스도인들이 저처럼 어려운 일이 생겼을 때 기도를 시작합니다. 처음에는 자기 문제만을 기도하다가 점차 다른 사람을 위해서, 교회를 위해서, 선교지를 위해서 기도합니다. 자연스러운 과정이지만 여기에 머물러서는 안 됩니다. 이 기도의 문제는 나를 중심으로, 나와 연관된 일들로 확장되는 기도라는 점입니다.

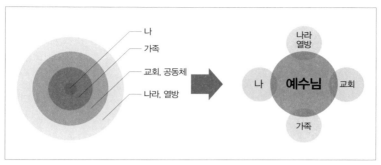

동심원의 중심은 항상 '나'입니다. 기도를 이끄는 동력이 '나'이기 때문에 나와 관계가 없거나 나와 관계가 끊어지면 자연스럽게 기도도 힘을 잃게 됩니다.

우리 교회에서 파송한 선교사님이 계시니 아프리카를 위해서 기도하고, 내 아들이 군대에 가 있으니 나라를 위해 기도합니다. 제가 우스갯소리처럼 하는 말이 있습니다. "젊은 군인들이 이 나라를 어찌 지키겠습니까, 나라를 지키는 것은 아들을 군대에 보낸 엄마들의 기도입니다"라고 말입니다. 그러다가 아들이 제대하면 나라를 위한 기도도 잊어버리게 되고, 우리 교회 선교사가 없는 나라의 기도도 안 하게 됩니다.

내 문제를 기도하지 말라는 것이 아닙니다. 기도조차 초점이 '나'인 것이 문제입니다. 물론 기도의 순서는 나부터 시작해서 가족, 교회, 나라, 열방으로 확대해갈 수도 있고, 혹은 열방으로부터 나라, 교회, 가족, 나 이런 순서로 수렴해갈 수도 있습니다. 문제는 기도하는 순서가 아니라 기도를 이끌고 있는 중심에 무엇이 있는가입니다.

나로 인해서 시작되는 기도, 즉 동심원의 중심이 내가 되는 기도의 문제는 문제가 생기면 다급하게 기도하다가 문제가 없으면 느긋해지다가를 반복한다는 것입니다. 기도의 중심이 자기 자신이기에 기도하는 나의 형편과 마음이 기도를 이끄는 것이지요. 기도의 동기와 내용은 세상 사람들이 구하는 것과 다를 바 없으면서 하나님께 기도한다고 합니다. 제가 그랬기 때문에 잘 압니다.

'중보기도'와 '기도'가 다릅니까? 나를 위한 기도는 그냥 기도이고 남을 위한 기도는 중보기도입니까? 중보기도는 남을 위해서 기도하는 것이 아닙니다. 남을 위해 기도해도 나 중심의 지극히 이기적인 기도를 할 수가 있습니다.

제가 사모이기에 저의 기도 제목은 늘 교회와 성도들의 문제였습니다. 성도들의 변화와 개인적인 다급한 문제들을 위해 기도하다보면 내 자녀를 위한 기도를 할 시간이 없을 때도 많았기에 저는 스스로 제가 굉장히 신실한 중보기도자라고 생각했습니다.

그러나 주님이 눈을 열어주셔서 깨닫고 보니 - 모든 기도가 다 그런 것은 아니었지만 - 상당한 부분이 얼마나 나의 일이 잘되기 위한 이기적인 기도였는지를 알게 되었습니다. 결국 다른 사람을 위한 기도인 것 같고 교회를 위한 기도 같아 보여도 다 나와 연결

된 문제이기 때문에 그토록 간절했던 것입니다.

　세상 부귀영화를 구하는 것은 아니었지만, 교회와 주(主)의 일이라는 이름으로 포장되어 있는 교회 성장과 목회 성공을 원하는 내 안의 욕망을 보았습니다. 주님의 일이기 때문에 자신의 모든 기도가 주님도 기뻐하시는 중보기도일 거라고 스스로 속을 때가 있습니다. 기도의 중심에 무엇이 있는지, 누가 있는지를 정직하게 살펴보아야 합니다.

❷ 율법주의와 공로주의

　내가 기도의 중심이니 기도가 율법주의와 공로주의에 빠지게 됩니다. 율법주의가 뭡니까? 기도를 법으로 하는 것입니다. 자기가 기도 안 할 때는 두려움과 죄책감에 사로잡히고, 기도할 때는 기도 안 하는 사람을 비판하는 것입니다. 1985년 이후 제 삶에 기도가 중요하게 자리잡았지만 저의 문제는 간절하게 기도하고, 문제가 해결되면 느긋해지고, 그러다가 다시 어려움이 생기면 울며불며 회개하고 기도하는 패턴을 반복했다는 것입니다. 기도를 많이 할 때는 자랑스럽다가 기도하지 못할 때는 죄책감에 시달렸습니다.

　젊어서는 새벽에 일어나기가 얼마나 힘들던지요. 눈을 뜨고 몸을 뒤척이다가 "에구, 그래도 내가 사모인데 기도의 자리를 지켜야지" 하고, 고단한 몸을 일으켜 나갈 때가 많았습니다. 그렇게 뒤척이다가 기도회에 나갔는데 기도의 자리에 앉고 나면 제 마음이 확 달라집니다. 부교역자들의 자리를 휘 둘러보게 되고, '누구도 안 나오고, 누구도 안 나오고' 이런 판단이 되는 거예요. 조금 전까지 나도 힘들게 일어났으면서, 그 분들은 꺾인 것이고 나는 일으킨 것이고, 종이 한 장 차이도 안 되는데 안 나오는 사람들에 대해 정죄하고 판단하는 마음이 생기는 거죠.

젊어서는 새벽기도회 후 개인기도 시간에 기도하다가 살짝 눈을 뜨고 본 적도 있습니다. 사람이 얼마나 남았는지 살펴보는 것입니다. "우리 사모님은 기도를 참 많이 하는 분이서" 이런 소리가 듣고 싶었나봅니다. 일부러 그런 것이 아닌데 자동으로 그렇게 되더라고요. 애들 학교도 보내야 하니까 도저히 이길 수 없는 몇 분만 남으면 하는 수 없이 일어나 집으로 옵니다. 이때의 기도를 돌아보면 사람의 칭찬은 들었는데, 제 내면에 기쁨은 없었어요. 생명이신 예수님께 붙어 있는 가지가 아니었기 때문입니다.

한희철 목사님이 쓰신 '신발'이라는 시가 있습니다.[1]

기도의 골방에 들어
문 열지 않게 하소서
나 여기 있다
떠벌리지 않게 하소서

골방에 들기도 어렵지만

골방의 문 닫기가 더 어렵다는 것을

이제쯤엔 압니다

골방에 들 때마다

댓돌 위 신발

가만 거두게 하소서

이 시를 처음 읽었을 때 제 마음을 들킨 것 같았습니다. 부귀영화를 구하거나 다른 자랑거리를 찾는 것은 없어졌지만, 그래도 기도 많이 한다는 자랑은 은밀하게 하고 싶었던 거지요.

왜 골방에 들어가 기도해야 한다는 것을 알면서도 문을 닫는 것이 안 될까요. 보이는 사람들은 실제인데, 하나님은 실제로 의식이 되지 않기 때문입니다. 남편과 아내 사이에, 혹은 연인 사이에 누가 끼어들거나 대화를 듣고 싶어하거나 곁에서 보고 있다면 오히려 싫을 것입니다.

그런데 하나님과의 관계가 실제가 아니니 이런 일들이 늘 생깁니다. 율법주의와 공로주의의 문제는 우리가 기도의 대상인 하나님을 살아계신 분으로 실제로 의식하고 교제를 나누고 있느냐 아니냐의 문제입니다.

잘 아는 목사님이 유학 시절에 있었던 이야기를 하셨습니다. 방 하나와 거실 겸 부엌이 전부인 작은 기숙사에서 생활할 때인데,

1장 복음의 진리를 누리는 기도

딸아이에게 기도 제목이 생겼나봅니다. 가족들이 그것을 들으면 안 되는데, 몰래 기도할 수 있는 공간이 없으니 이렇게 기도했다고 합니다.

"하나님, 있잖아요, 그거, 그거 아시죠? 그거 꼭 들어주셔야 해요. 아시겠죠? 꼭! 꼭! 꼭이요!"

저는 이 기도를 들으신 하나님이 얼마나 기쁘고 행복하셨을까 싶었습니다. 이 아이에게는 하나님이 살아계신 분이고 자기 기도를 들으신다는 확신이 있었어요. 그러니 아빠에게 이야기하는 것과 똑같이 기도했던 것이지요.

> 믿음이 없이는 하나님을 기쁘시게 하지 못하나니 하나님께 나아가는 자는 반드시 그가 계신 것과 또한 그가 자기를 찾는 자들에게 상 주시는 이심을 믿어야 할지니라 히 11:6

이 단순한 진리가 나에게 실제가 되는 일이 너무나 중요합니다.

❸ 누림이 없이 사역으로서의 기도만 있는 현실

기도는 많이 하는데, 기도하면서 회복과 안식을 누리는 이들이 많지 않아요. 그래서 기도를 통해 생명을 공급받고 에너지를 회복하는 것이 아니라 기도하면서 지쳤다는 말이 나오게 됩니다. 일로

서의 기도만 있지 누림이 없다는 것이 대부분 열심히 기도하는 이들의 현실입니다.

요한복음 15장의 포도나무와 가지의 비유가 정말 실제여야 하는데, 실제가 아닌 기도자들이 너무 많아요. 사실 하나님과의 관계가 살아있으면 기도는 주님과 함께하는 시간이니 너무 기쁜 것인데, 실제로 이 기쁨을 가진 기도자들이 많지 않습니다.

기도로 쉼을 누리는 사역자들이 얼마나 될까요? 포도나무에서 떨어진 가지가 말라 생명을 공급받지 못하는데도, 주님과의 관계를 돌아보지 않고 그냥 되었다 치고 넘어갑니다. 기도는 하나님과의 대화라고 말하면서 기도를 받으시는 하나님과의 관계는 별로 확인하지 않으니 기도가 관계가 아닌 일이 되는 것입니다. 항상 응답에 초점을 두니까 기도를 많이 하면서 지친다는 이야기가 나옵니다. 기도 안 하면 잘못될까봐 두려움과 의무감으로 하지, 기쁨이 안 되는 것입니다.

이 부분이 제게 참 숙제였습니다. 진리가 분명하니 선포하지만 정작 제가 기도의 기쁨을 누리지 못했기 때문입니다. 그런데 주님을 계속 바라보고 주님 생각을 계속하게 되니, 하나님을 사랑하게 되고, 사랑하니 기도의 초점이 응답에서 하나님께로 자연스럽게 옮겨가게 되었습니다. 그래서 요즘은 힘들고 지치면 기도의 자리로 나아갑니다. 그리고 잠잠히 주 안에 거하기를 힘씁니다. 그러면 주님 안에서 제 영혼이 회복되고 쉼을 누립니다.

그러면 어떻게 이런 문제들을 극복하고 하나님이 원하시는 기도를 할 수 있을까요?

❶ 기도의 근거가 진리가 되는 기도

주변에서 기도를 많이 하는 믿음의 선배들의 이야기를 많이 듣습니다. 하나같이 다 귀하고 듣다보면 배우는 것도 많습니다. 그런데 그 이야기 중에 체험인 것은 분명하지만 진리라고 할 수 없는 부분도 많이 있었습니다.

저는 중보기도학교 첫 시간에 기도의 진리에 대한 내용을 강의합니다. 강의 준비를 하면서도 '이런 내용은 이미 다 아는 내용일텐데, 구태여 말할 필요가 있을까?' 하고 주저하게 됩니다. 그런데 다들 아는 이야기 같아도, 강의를 하면 할수록 진리 위에 기도를 세우는 일이 너무나 중요하다는 것을 분명히 알게 되었습니다. 성경에서 영적 무장을 이야기할 때 '구원의 투구', '의의 흉배' 그리고 '진리의 허리띠'라는 표현을 씁니다. 진리로 허리띠를 띠면 상황이 우리 마음을 흔들 때, 눈에 보이고 들리는 일들로 마음이 휘청거릴 때 기도가 흔들리지 않고 나아가게 됩니다.

진리 위에 기도를 세워야 기도가 흔들리지 않게 됩니다. 기도에 대해 진리로 반응하는 일은 결국 기도의 모든 것을 바꾸고, 그 기도가 삶을 바꿀 것입니다.

❷ 하나님과의 관계가 살아있는 기도

그동안 우리는 기도를 많이 해서, 혹은 기도를 간절히 해서 기도 응답을 받는다고 생각했기에 기도 응답이 늦어지면 기도의 열심을 돌아보았습니다. 그런데 정확히 말하면 기도가 응답되기까지 인내로 기다리는 시간은 기도의 분량이 채워져야 하는 시간이 아닙니다. 내 마음과 생각이 온전히 하나님과 연합하는 데 필요한 시간입니다. 죄악으로 인해, 자아로 인해 하나님과 멀어지고 하나님과의 사이에 장벽이 생긴 것들이 제거되는 시간입니다.

천지를 창조하신 하나님께서 말씀 한마디로 우리가 구하는 것을 줄 수 없으시겠습니까? 그런데 그렇게 하지 않으시는 이유는 주님이 먼저 나를 온전케 하기 원하시기 때문입니다. 나를 하나님과의 사랑의 관계로 초대하고 싶으셔서 그렇습니다.

예수 그리스도를 통해 십자가에서 주님은 우리의 모든 죄악을 다 해결하셨지만, 단번에 이루신 그 복음을 믿음으로 누리는 일은 사람마다 너무 다릅니다. 그렇기에 주님은 기도 제목이 응답되는 과정을 통해 하나님을 알고 사랑하며 그분과 교제 나누기를 원하십니다.

하나님을 살아계신 하나님으로 알고, 그 하나님과 친밀한 관계를 누리게 되면 하나님을 닮아가게 됩니다. 주님과의 연합의 정도에 따라 우리가 누리는 기도의 세계가 달라지게 됩니다. 그래서 하나님이 원하시는 기도를 할 수 있게 되고, 하나님이 원하시는 기도를 하기 때문에 응답은 자연히 이루어지게 됩니다. (이 주제는 앞으로 좀 더 다루게 될 것입니다.)

그러면 기도의 진리는 무엇입니까?

❶ 모든 성도는 생명이 바뀌었습니다. 우리는 기도로 생명을 공급받는 중보적 존재입니다. 그러므로 구원받은 모든 자는 중보기도자입니다.

죄 없을 때 아담은 하나님의 존전에서 하나님의 얼굴을 보며 하나님과 대화하였습니다. 이것이 기도의 원형입니다. 그러나 죄를 짓고 난 다음 아담은 더 이상 하나님의 존전에서 하나님과 직접 대화하며 교제할 수 없게 되었습니다. 그나마 하나님께서 관계를 완전히 단절하지 않으시고, 속죄 제사를 통하여 관계를 유지하도록 해주셨습니다. 이때의 기도는 더 이상 친밀함이 아닌 수고로운 일이 되었습니다.

그런데 예수 그리스도의 십자가 은혜로 기도가 완전히 달라졌습니다. 하나님과 우리 사이에 막힌 담이 허물어지고 하나님과 친밀한 교제가 회복된 것입니다. 다시 말해서 에덴의 축복이 회복된 것입니다. 구원은 기도할 자격을 따놓은 것이 아니라 예수님과 더불어 사는 새 삶이 시작된 것입니다. 새로운 관계가 시작된 것이고, 삶의 방식이 달라진 것입니다.

기도를 해야 하는 것이 아니라 기도할 수밖에 없는 존재가 되었습니다. 존재가 바뀐 것입니다. 기도가 살길이 된 것입니다. 태아가 탯줄로 엄마의 생명을 공급받듯이, 태어난 아기가 엄마 젖으로 생명을 공급받듯이, 기도와 말씀이 생명을 공급받는 채널이 된 것입니다.

그러니 율법주의, 공로주의에 빠지지 않게 되었습니다. 숨쉬는 것을 자랑하겠습니까? 밥 먹는 것이 자랑할 일인가요? 기도는 생명입니다. 기도하면서 깊은 영혼의 밤을 지내기도 했고, 기도의 좌절을 겪기도 했습니다. 그런데 기도가 잘 되든지 안 되든지 끙끙거리더라도 그 자리를 지키는 것이 살길이 되었습니다. 주 예수님 때문입니다.

우리가 구원을 받았다는 말은 예수님과 한몸이 되었다는 것입니다. 갈라디아서 2장 20절 말씀은 구원받은 자의 삶이 기도의 영역에서도 어떻게 진리가 되는지를 드러내 보여줍니다. 십자가에서의 죽음은 곧 내 안에 오신 예수 그리스도께서 생명이 되실 뿐 아니라 내 안에 사시는 것입니다. 내 안에 오신 예수 그리스도와 그 하나님의 아들을 믿는 믿음이 하나가 되는 것이 바로 기도입니다.

내가 그리스도와 함께 십자가에 못 박혔나니 그런즉 이제는 내가 사는 것이 아니요 오직 내 안에 그리스도께서 사시는 것이라 이제 내가 육체 가운데 사는 것은 나를 사랑하사 나를 위하여 자기 자신을 버리신 하

나님의 아들을 믿는 믿음 안에서 사는 것이라 갈 2:20

로마서 6장 4절 말씀도 동일합니다. 예수님의 죽음과 연합한 것이 분명하다면 예수님의 부활과 더불어 우리에게도 새 생명으로 살아가는 역사가 일어나는 것입니다.

그러므로 우리가 그의 죽으심과 합하여 세례를 받음으로 그와 함께 장 사되었나니 이는 아버지의 영광으로 말미암아 그리스도를 죽은 자 가 운데서 살리심과 같이 우리로 또한 새 생명 가운데서 행하게 하려 함이 라 롬 6:4

그리스도와 함께 사는 것은 이 땅에 살지만 하나님나라의 가치 로 살고, 하나님백성의 기쁨과 평강으로 산다는 것입니다.

허물로 죽은 우리를 그리스도와 함께 살리셨고 (너희는 은혜로 구원을 받 은 것이라) 또 함께 일으키사 그리스도 예수 안에서 함께 하늘에 앉히시 니 엡 2:5-6

구원은 기도의 자격을 얻게 하는 정도가 아니라 존재 자체를 바꾸는 것이고, 그 변화가 바로 기도를 가능하게 하는 것입니다. 주님은 우리를 풍성한 기도의 세계로 초대하셨습니다.

나는 포도나무요 너희는 가지라 그가 내 안에, 내가 그 안에 거하면 사람이 열매를 많이 맺나니 나를 떠나서는 너희가 아무것도 할 수 없음이라 요 15:5

우리가 다시 살아난 자라면 예수 그리스도의 생명으로 살고, 주님이 하신 일도 하게 됩니다. 이것은 너무나 자연스러운 일이에요. 예수 생명이 있는 자들의 특징이지요.

그러나 너희는 택하신 족속이요 왕 같은 제사장들이요 거룩한 나라요 그의 소유가 된 백성이니 이는 너희를 어두운 데서 불러내어 그의 기이한 빛에 들어가게 하신 이의 아름다운 덕을 선포하게 하려 하심이라 벧전 2:9

어떤 교우의 이야기입니다. 이분은 학교 선생님인데 늘 새벽기도회에 왔다가 출근을 하세요. 어느 날 제게 이런 편지를 보냈어요.

"사모님, 저는 새벽기도 오는 게 누가 저에게 억만금을 주는 것보다 더 좋아요. 새벽기도에 못 나오는 날은 세상에서 제일 속상한 날이에요."

그런데 우리가 예수를 믿는다고 말하는데, 기도를 하는 것보다 기도를 안 하는 것이 더 자연스러운 상태라면 마치 밥을 안 먹어도 배가 하나도 고프지 않다고 말하는 것과 같아요. 몸에 이상이

1장 복음의 진리를 누리는 기도

있는 거죠. 그러니 내가 기도를 안 하는데 기도가 고프지 않다면 '구원 못 받았나봐' 이렇게 생각할 것이 아니고, '내게 뭔가 고장이 났나봐'라고 생각하고 자신이 생명을 공급받고 있는지를 점검해 봐야 합니다. 가족들과 같이 사는데 누가 여러분의 입을 틀어막고 말을 못하게 하면 얼마나 답답하겠어요. 그런데 가족들과 같이 살아도 아무 말도 하고 싶지 않다면 그 관계가 고장난 거잖아요. 기도는 해야 하는 일이 아니라 안 하고 살 수 없는 것입니다.

솔직히 기도가 너무 좋은 것은 아니라고 고백하는 분들이 계실 것입니다. 정직한 이야기입니다. 우리의 본성은 기도를 별로 달가워하지 않기 때문에 기도하기가 싫고 부담스럽기도 합니다. 그런데 잠잠히 돌아보면 기도가 하기 싫은 마음만 있는 것은 아닙니다. 기도하고 싶어지고, 기도해야겠다는 생각이 작게라도 일어나고 있다는 것도 부인할 수 없는 사실입니다. 기도가 하기 싫은 내 속에 기도의 부담 또한 있다는 사실이 너무나 놀라운 일임을 자각할 때 주님의 역사가 시작됩니다. 기도의 부담을 심어주신 주님이 우리 안에 계시고, 기도의 눌림을 통해 내가 주님을 의식하기 시작했기 때문입니다.

❷ 기도의 시작이 바뀌었습니다. 기도의 시작은 하나님으로부터 비롯되었습니다.

세상의 모든 종교에 다 기도가 있습니다. 불교 믿는 사람들도 방언을 하고, 무당을 섬기는 이들도 치유의 역사를 일으킵니다. 그런데 우리의 기도와 다른 점은 무엇인가요?

제가 부산에 살 때 교회 앞에서부터 저희가 사는 골목 안까지 대여섯 개의 점치는 집과 무당집이 있었습니다. 교회 바로 앞에 박수 무당집이 있었고, 우리 집 바로 앞에는 박정희 대통령을 섬기는 할머니 무당이 있었어요. 한겨울에 새벽기도회에 가려고 대문을 열고 나가면 그 할머니는 벌써 일어나 추운 날씨에도 목욕재계를 하고 준비하고 있어요. 무슬림들은 학교에서도 공항에서도 천조각 하나 깔아놓고 엎드려서 매일 하루 다섯 번씩 기도합니다. 우리가 이들의 열심을 따라가기가 어렵습니다.

그러면 도대체 우리 기도와 다른 점은 무엇인가요? 세상 모든 종교의 기도는 사람이 신(神)을 찾아가지만, 우리가 믿는 하나님은 먼저 우리에게 찾아오셨습니다. 말씀으로 천지를 창조하신 전능하신 하나님께서 우리에게 먼저 말을 걸어오셨습니다. 이것이 세상 모든 종교의 기도와 다른 점입니다. 이것을 도표로 그리면 다음과 같습니다.

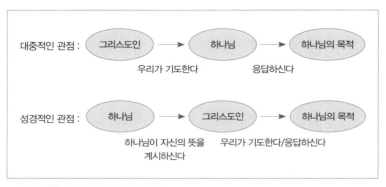

▷▷ 기도에 대한 대중적인 관점과 성경적인 관점

기도의 출발이 우리 자신에게 있다고 여기면 우리가 기도하는 것에 따라 하나님이 응답하시게 된다고 생각하고 기대하지만, 성경적인 관점은 기도의 출발은 하나님 자신이시며, 주님이 보이시고 인도하시는 뜻에 따라 우리로 하여금 기도하게 하신다는 것입니다. 사도 바울의 고백이 바로 그 증거입니다. 바울은 자신이 주님을 위해 일한다고 하지 않고 주님이 자신을 통해 역사하셨다고 고백합니다.

그리스도께서 이방인들을 순종하게 하기 위하여 나를 통하여 역사하신 것 외에는 내가 감히 말하지 아니하노라 롬 15:18

예레미야서 33장 3절과 6-9절에 기도의 4단계가 나옵니다.

너는 내게 부르짖으라 내가 네게 응답하겠고 네가 알지 못하는 크고 은밀한 일을 네게 보이리라 ⋯ 그러나 보라 내가 이 성읍을 치료하며 고쳐 낫게 하고 평안과 진실이 풍성함을 그들에게 나타낼 것이며 내가 유다의 포로와 이스라엘의 포로를 돌아오게 하여 그들을 처음과 같이 세울 것이며 내가 그들을 내게 범한 그 모든 죄악에서 정하게 하며 그들이 내게 범하며 행한 모든 죄악을 사할 것이라 이 성읍이 세계 열방 앞에서 나의 기쁜 이름이 될 것이며 찬송과 영광이 될 것이요 그들은 내가 이 백성에게 베푼 모든 복을 들을 것이요 내가 이 성읍에 베푼 모든 복과 모든 평안으로 말미암아 두려워하며 떨리라 렘 33:3,6–9

하나님께서 이스라엘을 구원하시고 회복될 것에 대한 계획을 먼저 세우셨기에 기도하라고, 부르짖으라고 말씀하시는 것입니다. 이 말씀에 근거해서 보면, 기도에는 4단계가 있습니다. 첫째, 하나님의 뜻이 세워지는 단계, 둘째, 하나님께서 성도에게 기도하도록 감동하시는 단계, 셋째, 성도가 순종하여 실제로 기도하는 단계, 넷째, 기도 응답으로 하나님의 뜻이 이루어지는 단계입니다. 우리가 기도를 시작했다는 것은 기도의 단계로 보면 이미 두 번째 단계에 들어가 있는 것입니다. 기도는 근본적으로 하나님이 하시려는 것을 우리의 기도를 통해 이루시는 것입니다.

너희 안에서 행하시는 이는 하나님이시니 자기의 기쁘신 뜻을 위하여

너희에게 소원을 두고 행하게 하시나니 빌 2:13

이것이 기도의 정확한 이해입니다.

❸ 기도는 하나님과 하나 되는 것이 목적이요 기도 응답은 선물입니다.
성경은 시작부터 하나님의 말씀하심으로 시작됩니다.

하나님이 이르시되 빛이 있으라 하시니 빛이 있었고 창 1:3

말씀으로 천지를 창조하신 하나님께서 아담을 창조하시고 먼
저 그에게 말씀하셨습니다.

여호와 하나님이 그 사람에게 명하여 이르시되 동산 각종 나무의 열매
는 네가 임의로 먹되 창 2:16

말은 관계를 만듭니다. 하나님이 먼저 말씀하시고 기도를 시작
하셨다는 말은 하나님이 우리와 관계를 맺기 원하셔서 우리를 초
대하신 것입니다. 에덴의 축복이 회복되었기에 하나님을 아버지라
부르며 하나님과 친밀하게 대화할 수 있게 된 것입니다. 에덴동산
에서처럼 아무런 거리낌 없이 하나님께 모든 것을 다 말씀드릴 수

있게 된 것, 이것이야말로 기도의 권능입니다.

> 구하라 그리하면 너희에게 주실 것이요 찾으라 그리하면 찾아낼 것이
> 요 문을 두드리라 그리하면 너희에게 열릴 것이니 마 7:7

기도의 핵심 구절과 같은 이 말씀은 "구해봐! 그 정도로 되겠어? 좀 더 열심히 구해봐. 찾아봐. 더 열심히 두드려야지?" 이런 분위기가 아닙니다. "구해, 구해, 마음껏 구해! 구해도 된단다" 이런 의미입니다. 기도는 내가 열심히 해서 하나님이 원하시는 무엇인가를 이루어드리는 것이 아닙니다. 이미 그리스도 예수 안에서 완성된 사역입니다(고후 1:20).

흔히 "하나님이 계획을 세우셨어도 기도해야 응답된다"라는 말을 들어보셨을 것입니다. 그런데 이 말은 하나님이 뭔가가 부족하셔서 우리에게 기도하라고 하시는 것이 아닙니다. 이미 하나님께서 완벽하게 이뤄놓으신 구원 사건, 완전한 중보기도로 우리를 초대하시는 것입니다. 그러므로 응답 여부를 떠나 기도의 자리에 앉아 기도할 수 있는 것 자체가 은혜의 증거입니다.

문제 해결과 응답은 기도의 목적이 아닙니다. 기도의 응답은 부산물로 주어지는 열매입니다. 기도의 목적은 예수 그리스도, 기도의 목표도 예수 그리스도, 기도의 방법도 예수 그리스도입니다. 그리고 하나님(예수님, 성령님)과 사랑의 관계 속에서 더욱 친밀해지

1장 복음의 진리를 누리는 기도

는 것입니다. 그 관계를 타고 흐르는 생명이 모든 것을 바꿉니다. 선교 완성과 하나님나라 완성은 하나님 안에 있습니다.

❹ 기도가 절대 망할 수 없도록 삼위일체 하나님께서 보증, 보장하셨습니다.

제가 교회에서 중보기도학교를 할 때 첫날 모인 수강생들에게 이렇게 묻습니다.

"여러분, 중보기도학교를 하면 기도를 잘하게 될까요?"

그러면 대부분 대답을 안 하십니다. 기도에 대한 사모하는 마음으로 중보기도학교까지 오셨지만, 실제로는 '여기서 배운다고 기도를 잘하게 될까?' 하는 의문이 있기 때문입니다. 질문한 제 마음도 그랬습니다. 그래서 "이렇게 기도를 배운다고 기도를 잘하게 되는 것이 아닙니다. 기도에 대해서 배우는 것과 실제 기도는 다릅니다"라고 말했습니다. 실제로 중보기도학교를 마치고 나서 중보기도의 자리에 남는 이들이 많지 않았기 때문입니다.

그러나 이제는 그렇게 말하지 않습니다. 제 믿음이 달라졌어요. 묵묵부답인 이들을 향해 제가 외칩니다.

"물론입니다. 기도를 잘하게 되어 있습니다. 여러분은 이 학교가 끝나고 다 기도를 아주 잘하게 될 것입니다."

그런데 놀라운 일이 일어났습니다. 그 고백대로 정말 기도의 용사들이 세워지기 시작했어요. 예전에 기도의 자리에 남는 이들이 20퍼센트 정도였다면 지금은 7,80퍼센트나 되었습니다. 이유는 간단합니다. 제 자신이 기도에 대한 진리를 붙잡게 된 것입니다. 기도를 친히 시작하신 하나님, 우리와 교제하기 원하시는 하나님께서 우리 마음에 기도의 소원을 심어주시고, 친히 기도를 이끄실 것이기 때문입니다.

여러분, 욕심 많고, 게으르고, 마음대로 살고 싶은 내 마음에 주님 뜻대로 살고 싶고, 기도를 더 잘하고 싶고, 주님을 더 알기 원하는 마음이 자연스럽게 생기는 마음일까요? 아닙니다. 그것은 우리에게서 나온 선한 생각이 아닙니다. 그런 마음을 주시는 분이 우리 안에 계신 성령님이십니다. 그래서 기도는 잘하게 되어 있습니다. 이 진리를 꼭 붙잡으시기 바랍니다.

성경적인 기도란, 성부 하나님께 성자 예수님의 중보를 통해 성령님의 권능으로 기도하는 것을 말합니다.

얼마 전에 한국 교회의 부흥을 위한 연합기도회에 참석한 적이 있습니다. 모이기 힘든 장소임에도 먼 곳까지 찾아온 성도들로 가득찬 모습을 보며 한국 교회에 중보기도자들이 이렇게 많다는 사실에 감격했습니다. 그런데 사람이 많다보니 자리다툼을 하는 모습이 보였습니다. 다른 이의 자리의 물건을 치워버리고 앉기도 하고, 자기 자리라고 비켜주지 않기도 하는 모습을 보면서 잠시 제 마음에 낙심이 들어왔습니다. '자리다툼을 벌이는 우리가 하나

님 앞에서 기도할 자격이 있는 걸까?'

우리가 한국 교회의 부흥을 위해 감히 기도할 수 있는 자들입니까? 그런데 우리의 이런 모습을 주님이 모르지 않으실 텐데, 이런 우리를 불러서 중보기도자라고, 한국 교회를 위해서 기도하라고 하시다니요. 우리의 죄악과 이기적인 본성을 보는 죄송한 마음이 있었지만, 동시에 그럼에도 불구하고 연약한 저희들을 불러 기도하게 하시는 하나님의 사랑 또한 깊이 깨닫고 감사의 눈물을 흘렸습니다.

기도할 때마다 예수님이 우리를 하나님의 마음으로 데려가십니다. 그 마음 앞에서 하나님의 사랑과 우리의 죄성을 동시에 깨닫게 됩니다. 기도가 안 될 때 잠잠히 십자가의 주님을 묵상하며, 주님과 함께 골고다를 올라보세요. 그리고 그 주님의 손을 잡고 하나님의 마음을 향하여 서보세요. 그러면 누구나 폭포수같이 쏟아지는 하나님의 사랑을 경험하게 될 것입니다. 그리고 기도가 활짝 열리게 될 것입니다.

자기 아들을 아끼지 않고 우리를 위해 내어주신 하나님께서 어찌 그 아들과 함께 모든 것을 우리에게 주시지 않겠습니까(롬 8:32). 하나님이 우리를 의롭다고 하셨는데 누가 감히 우리를 정죄할 수 있단 말입니까(롬 8:33). 지금도 하나님 보좌 우편에서 우리를 위해 간구하시는 예수님이 계십니다(롬 8:34). 누가 우리를 그 사랑에서 끊을 수 있겠습니까(롬 8:35). 무엇을 어떻게 기도해야 할지 알 수 없을 때 성령 하나님께서 우리 안에서 말할 수 없는 탄식으로 우리를 위해 친히 간구해주십니다(롬 8:26-27). 아무것도, 어떤 것도 우리를 우리 주 그리스도 예수 안에 있는 하나님의 사랑에서 끊어낼 수 없습니다(롬 8:39).

하나님 아버지, 우리에게 구원의 문을 여셨습니다. 예수님, 우리 위해 십자가에서 죽으시고 부활 승천하셔서 구원을 이루셨습니다. 성령님, 우리 안에 오셔서 구원받은 자로서 날마다 주님과 동행하며 살아가게 하셨습니다. 삼위일체 하나님께서 이루신 완전한 구원이 절대 망할 수 없도록 완벽한 조치를 취하신 것이지요. 삼위일체 하나님께서 구원에 관한 모든 조치를 완벽하게 취하셨듯이 기도에 대해서도 우리가 기도를 할 수 있도록, 기도가 망할 수 없도록 모든 조치를 다 취해놓으셨습니다. 하나님 아버지께서 아버지의 마음으로 나아가도록 기도의 문을 활짝 열어놓으셨고, 예수 그리스도께서 우리의 중보자가 되셔서 우리를 데리고 아버지의 보좌로 나아가시고, 성령님께서 우리 안에서 말할 수 없는 탄식으로 지금도 친히 간구하고 계십니다. 기도는 절대 망할 수 없습니다! 그러므로 기도의 대전제인 "나는 거듭난 그리스도인인가?"를 확인하기만 하면 됩니다. 복음의 진리가 바로 기도의 발판이 됩니다.

❺ 기도의 주체가 바뀌었습니다. 기도의 주체는 내가 아닌 예수님이십니다.

아버지가 44세의 젊은 나이로 소천하신 후, 어머니는 사 남매의 생계를 책임져야 하는 가장이 되어 직장생활을 시작하셨습니다. 섬기던 교회에서 사모가 아닌 권사로 부름을 받았지만(나중에는 장로가 되셨습니다), 이제는 이름 없는 사모로서 기도로 교회를 섬겨야겠다는 결심을 하시고 비가 오나 눈이 오나 직장이 끝나면 교회에 가서 기도를 하고 집으로 오셨습니다. 눈이 와서 버스가 끊기면 직장이 있던 서울역에서 교회가 있는 세종로까지 걸어가 기도하기도 하셨고, 어떤 날에는 기도를 마치고 나오는데 교회 문이 잠겨 나오지 못한 경우도 있었다고 합니다. 저희 내외가 목회하는 동안 교회의 목회자와 장로들의 이름을 다 부르며 기도해주셨고, 기도 약속을 한 이들에 대해서는 수십 년간 그 기도를 신실하게 지켜오고 계십니다.

믿지 않는 가정에서 혼자 예수를 믿기 시작한 이들은 이런 믿음의 조상들을 가진 저희 가문을 굉장히 부러워하십니다. 물론 저도 철이 들고 보니 얼마나 귀중한 유산인지를 더욱 깨닫게 됩니다. 그러나 기도해주시는 부모님이 안 계셔도 부러워만 할 필요는 없습니다. 예수님이 아버지가 되어주시고, 어머니가 되어주시고, 우리 모두의 중보자가 되어주셨습니다.

요한복음 17장을 보면 예수님의 구원 사역은 중보 사역인 것을 알 수 있습니다. 예수님이 주체가 되어 기도하시는 기도가 바로 중보기도입니다. 그러면 나를 위한 기도도 중보기도라고 할 수 있을까요? 물론입니다. 사실 엄밀한 의미에서 성경적인 모든 기도는 중보기도입니다. 그래서 저는 이 책에서 '중보기도'와 '기도'라는 단어를 같이 쓰고 있습니다. 예수님이 친히 중보자가 되셔서 나를 위한 기도를 해주시니 나를 위한 기도도 중보기도가 될 수 있는 것입니다. 기도의 주체가 예수님이시기 때문입니다. 우리 안에 내주하고 계신 예수님(성령님)께서 친히 우리의 기도를 이끄십니다. 기도의 주체가 내가 아니라 예수님이십니다.

> 마음을 살피시는 이가 성령의 생각을 아시나니 이는 성령이 하나님의 뜻대로 성도를 위하여 간구하심이니라 롬 8:27

이 진리를 나누고 성도들에게 한 주간 동안 예수님이 나를 위해서 기도하시는 기도에 내 기도를 실어보라고 숙제를 드리고 그다음 시간에 만났습니다. 놀랍게도 기도가 바뀐 간증들을 해주셨습니다. 어떤 권사님은 알코올중독인 남편이 늘 기도 제목이었습니다. 내가 내 기도를 한다고 생각했을 때는 "하나님, 언제까지예요? 언제 이 남편이 돌아올까요?" 이렇게 한탄의 기도를 하였는데, 예수님이 내 기도를 해주신다고 생각하니 남편이 돌아오는 것은 하나님께서 분명히 기뻐하시는 기도이니 언제 이루어질지는 알 수 없지만, 기쁨과 감사로 기도를 드릴 수 있었다고 하셨습니다.

❻ 기도의 모든 약속은 이미 성취되었습니다.

하나님의 약속은 얼마든지 그리스도 안에서 예가 되니 그런즉 그로 말미암아 우리가 아멘 하여 하나님께 영광을 돌리게 되느니라 고후 1:20

중보기도자들은 고린도후서 1장 20절 말씀처럼 예수 그리스도 안에서 이미 이루어진 일을 간구하는 사람들입니다. 아들을 얻기 원했던 아브라함의 간절했던 기도도 그 당시에는 이루어지기 힘든 소원이었지만, 지금 우리의 시점에서 보면 이미 이루어진 일입니다. 홍해 앞에 서 있던 모세의 기도 역시 이미 이루어진 과거이지요. 다윗의 기도, 느헤미야의 기도 등 모두 그들에게는 현재의 간절한 기도 제목이었지만 우리에게는 과거에 이미 하나님께서 다 이루신 기도들입니다.

골로새서 1장 6절을 보면 열매를 맺어 자란다고 하셨습니다. 다 자란 다음 열매가 맺히는 것이 아니라 작더라도 열매가 맺히고 그 열매가 자라나는 것입니다. 하나님은 열매를 주시고 자라게 하시는 하나님이십니다. 열매가 바로 생명의 결과이기 때문입니다. 우리는 어제나 오늘이나 영원토록 동일하신 주님께 간구하는 것입니다.

아직 이루어지지 않은 것 한 가지가 있다면 주님의 다시 오심입니다. 창세기부터 요한계시록, 태초부터 종말까지 역사는 한 방향으로 진행되고 있습니다. 살아있는 물체는 운동성이 있고 방향성이 있어서 일정한 방향으로 나아가기 마련입니다. 살아있는 기도도 마찬가지입니다. 주님과 연합된 기도는 역사의 방향, 하나님이 이루시는 일을 향해 나아가게 되어 있습니다. "선교 완성을 위해, 하나님나라를 위해 기도해야만 한다"가 아니라 - 그 중요성도 반드시 기억해야 합니다 - 주님과 살아있는 관계 속에서 기도하는 이들의 기도는 반드시 그 방향으로 나아가게 되어 있습니다.

열방을 위한 선교기도, 나라와 민족을 위한 기도 등 하나님나라를 위한 기도는 당위성만으로는 절대 지속하기 어렵습니다. 생명 있는 자, 주님과 연합한 자만이 할 수 있습니다. 주님의 마음이 계속 부어지니 기도할 힘이 계속 생기는 것입니다.

❼ 중보기도를 잘할 수 있는 비결이 무엇입니까?

믿으면 달라집니다. 믿음은 기도할 이유와 능력이 됩니다. 보이면 달라집니다. 무엇을 구할지를 알게 됩니다. 사랑하면 달라집니다. 기도의 기쁨을 알게 되는 것입니다.

1장 복음의 진리를 누리는 기도

기도는 '어떻게 하느냐'의 문제가 아니라 '누구를 믿느냐'의 문제입니다. 그러므로 내가 기도를 잘하고 못하고 간에 구원받은 자인 것이 분명하다면 "나는 중보기도자이다. 기도는 잘하게 되어 있다"라고 생각하는 것이 기도의 시작입니다. 변화하려고 몸부림치지 말고, "기도는 이미 주님이 이루신 일이다. 내 삶은 바뀌었다!"라고 고백하십시오.

2장

하나님의 사랑을 누리는 기도

이번 장에서 함께 나눌 것은 하나님과 친밀한 관계 속에서 사랑을 누리는 기도에 대한 것입니다. 진리에 기반을 둔 기도는 기도가 흔들리지 않게 만들고, 예수님과 친밀한 사랑의 관계는 깊은 교제 가운데 누리는 사랑의 확신 때문에 기도를 더욱 굳건하게 하고 풍성함을 누리게 합니다.

문제에 초점을 맞춘 기도와 하나님께 초점을 맞춘 기도는 큰 차이가 있습니다. 문제에 초점을 맞춘 기도는 상황 탈출에 급급하므로 기도자 자신을 돌아볼 여유가 없고, 기도 응답에만 매달리게 됩니다. 그렇기 때문에 기도를 많이 하는데도 영적인 성장이 없습니다. "기도를 많이 한다고 하는데, 왜 자신은 변하지 않으면서 다른 이들은 변화시키려고 할까?" 이런 의문이 들게 하는 분들이 있는 이유입니다.

하나님께 초점을 맞추면 인격이 변하고 영적 성장을 누리게 됩니다. 옛말에 "미운 시어머니 욕하면서 닮는다"라는 말이 있잖아요. 그 대상이 닮기 싫은 모습인데도 계속 주목하니까 비슷해진다는 것이지요. 하물며 닮기 싫은 모습도 계속 바라보면 닮게 된

2장 하나님의 사랑을 누리는 기도

다면, 우리가 계속 주님을 바라보면 당연히 주님을 닮게 되어 있습니다. 주님을 계속 바라보면 주님을 사랑하게 되고 그 사랑이 기도를 바꿉니다. 기도의 목적이 오직 주님이 됩니다.

그러므로 중보기도 할 때 항상 두 가지를 점검하시기 바랍니다. "나는 복음의 진리로 기도하는가?" 그리고 "사랑의 동기로 기도하는가?"(하나님과의 사랑의 관계로 기도하는가?) 이것은 기도뿐 아니라 우리의 믿음생활을 점검해보는 기준이기도 합니다.

복음의 세 가지 고리

복음에는 세 가지 고리가 있습니다. 복음의 세 가지 고리란 진리, 누림, 사명을 말합니다. 즉 복음의 내용이 되는 '진리'와 진리를 깨닫고 실제로 '누리는 삶'과 그 진리를 증거하는 '사명'입니다. 이 세 가지는 복음에서 뗄 수 없는 필수 요소입니다. 구원으로 인해 우리의 존재 자체가 완전히 바뀌었는데도 우리의 삶에 변화가 없는 이유는, 하나도 빠짐없이 있어야 하는 이 세 요소에서 빠진 부분이 생겼기 때문입니다.

안타깝게도 많은 성도들에게 두 번째 고리가 빠져 있습니다. 진리를 깨닫고 붙잡은 후에 곧바로 사명으로 달려갑니다. 누림 없이 사명을 감당하려니까 들은 것은 복음이지만 삶은 율법이 되는 것입니다.

예를 들어보겠습니다. 우리가 "하나님은 용서의 하나님이시다"라는 복음을 듣고 그 말씀을 진리로 붙잡았습니다. 그리고 그 진리를 일상에서 누립니다. 매일 잠자리에 들 때, 아침에 눈을 뜨며 내가 어떤 죄인이었는데 구원을 받았는지, 어떤 죄를 지었는데 용서를 받았는지를 생각하며 용서받은 감격을 누립니다. 그러면 삶의 현장에서 어렵게 하는 사람들, 상처를 주는 사람들을 만나게 될 때 이미 받은 용서의 감격이 크기 때문에 그 사람들을 용서하게 됩니다.

그런데 어느 순간에 용서받은 감격이 사라지고 '용서의 하나님'이 그저 들은 말로 남아 있다면 용서는 해야 할 의무가 됩니다. 내가 누리는 용서의 감격은 빠진 채 용서해야 하는 당위성만 남게 되니, "하나님은 용서의 하나님이시다. 그러니 우리도 용서하고 살아야 한다" 이렇게 되는 것입니다.

"하나님은 사랑의 하나님이시다"라는 진리를 듣고 붙잡았습니다. 그리고 내가 실제로 하나님의 사랑을 매일 아침 누린다면 사랑의 교제 속에서 얻은 행복 때문에 다른 사람을 사랑할 힘이 생깁니다. 그런데 그 누림이 없으면 사랑은 해야 할 의무가 됩니다. "하나님은 사랑이십니다. 그러므로 우리도 사랑해야 합니다" 이렇게 되는 것입니다.

들어도 들어도 감격이 되는 '사랑'이라는 단어를 듣는데 "또 사랑이야?" 이런 반응이 나오게 됩니다. 누림이 빠지면 '생명의 복음'을 들었는데도 내 삶을 통해서는 '생명 없는 율법'이 나오는 것입니다. 복음과 율법의 차이는 '되어지는 일'과 '해야 하는 일'의 차이입니다. 복음은 예수님을 믿기 때문에 이렇게 저렇게 해야 한다는 법이 아닙니다. 예수님을 믿으니 이렇게 저렇게 되어지더라는 고백입니다.

예레미야 선지자가 아무리 외쳐도 변하지 않는 이스라엘 백성을 향해 어떻게 수십 년간 한결같이 하나님의 말씀을 외칠 수 있었을까요? 비결은 예레미야애가 3장 20-23절 말씀에 있습니다. 예레미야는 하나님이 어떠한 분이신지 아침마다 누렸습니다. 그리고 그것이 예레미야를 날마다 낙심에서 일으켜줄 힘이 되었습니다.

내 마음이 그것을 기억하고 내가 낙심이 되오나 이것을 내가 내 마음에 담아 두었더니 그것이 오히려 나의 소망이 되었사옴은 여호와의 인자와 긍휼이 무궁하시므로 우리가 진멸되지 아니함이니이다 이것들이 아침마다 새로우니 주의 성실하심이 크시도소이다 애 3:20-23

내가 진짜 구원받은 자인지 확인해보는 일은 매우 중요합니다. 그러나 영적으로 메마르고 삶이 무너질 때마다 매번 '내가 구원을 못 받았나' 하고 의심하고 구원 여부가 흔들리고 구원 문제로 돌아갈 것이 아니라 진리를 누리고 있는지 두 번째 고리인 '누림'으로 돌아가봐야 합니다. "나는 십자가 복음을 감격으로 매일 누리고 있는가?" 이것을 돌아보는 것입니다.

진리를 살아낼 힘, 진리대로 순종할 힘은 하나님과 사랑의 관계 속에서 생명을 누리게 될 때만 가능합니다. 누림은 생명의 지속성을 말하는 것이기 때문입니다.

아주 오래전에 신문에서 읽은 짧은 기사가 잊혀지지 않습니다. 요즘은 이혼이 다반사인 세상이 되었지만 예전에는 그렇지 않았으니 신문에도 실렸던 것 같습니다. 어떤 부부가 이혼 신청을 했는데 그 부부는 수년 동안 서로 말을 하지 않고 필답(筆答)으로만 필요한 대화를 했다고 합니다. 그래서 판사가 당신들의 관계는 이미 끝난 것이니 이혼하라는 판결을 내렸다는 내용이었습니다.

부부의 친밀함은 친하고 안 친하고의 문제가 아니라 그 관계에 생명이 있느냐 하는 것입니다. 마찬가지로 하나님과 사랑의 관계 안에서 친밀함을 누리는 것은 친하고 안 친하고의 문제가 아니라 생명의 문제입니다. 주님과의 관계에서 생명을 공급받아야 계속해서 기도할 힘을 얻게 됩니다.

하나님은 모든 것을 아시면서
왜 우리에게 기도를 그토록 강조하시는 것일까요?

엘리야가 기도하니 이스라엘에 3년 6개월 동안 비가 내리지 않았고, 다시 기도하니 비가 내렸습니다(약 5:17-18). 다니엘은 이제 포로생활이 끝나고 이스라엘이 회복될 것을 깨닫지만 역시 구해야만 했습니다(단 9:3). 하나님은 우리의 모든 것을 다 아십니다. 그런데도 기도해야만 한다고 하십니다. 하나님이 우리 사정을 모르실까봐 우리가 기도로 알려드리는 것이 아닙니다.

그러므로 그들을 본받지 말라 구하기 전에 너희에게 있어야 할 것을 하나님 너희 아버지께서 아시느니라 마 6:8

그렇다면 왜 하나님은 다 아시면서 굳이 우리의 기도를 원하실까요? 가까운 사람들 사이에는 굳이 설명하지 않아도 어려운 사정과 형편을 알면 말없이 도와주잖아요. 그런데 왜 하나님은 구해야만 주신다고 하실까요?

만약 제가 집에 갈 차비가 없어서 쩔쩔매고 있다가 할 수 없이 어느 집사님에게 만 원만 빌려달라고 했다고 합시다. 그랬더니 그분이 "네, 사모님. 제가 아까부터 사모님에게 만 원이 필요하다는 것을 알고 있었어요. 그런데 제게 구하지 않으시길래 그냥 있었어요. 자, 여기 있습니다" 하고 내어준다면 감사하지만 속상하지 않겠습니까.

그런데 하나님께서 마치 그런 사람처럼 하신다는 것입니다. 왜 그렇게 하실까요? 그 이유는 바로 사랑의 관계로만 설명될 수 있습니다. 어른들이 어린아이에게 바로 사탕을 주지 않더라고요. 아이가 정말 갈망하는 눈빛으로 쳐다봐도 계속 "주세요, 해봐!" 이렇게 말합니다. 그런데 그렇게 말하는 할아버지의 눈빛을 보세요. 사탕이 아니라 별이라도 따다줄 것처럼 꿀 떨어지는 사랑의 눈빛입니다. 아이의 눈보다 할아버지의 눈이 더 간절합니다.

하나님과의 관계도 이렇다고 말하면 무리일까요? 하나님은 누구보다도 우리에게 좋은 것을 주고 싶어하십니다. 그런데도 구해야 주시는 이유는 우리와 사랑의 관계 속에서 교제하기를 원하시기 때문입니다.

❶ 하나님께서는 주권자이면서 전능자이시지만, 기도를 통해서 일하기로 작정하시고 스스로를 제한하셨습니다. 우리와 동역하겠다고 작정하셨기 때문입니다.

말씀에 보면 분명한 하나님의 뜻임에도 불구하고 우리에게 구하라고 하셨습니다(약 4:2). 주의 나라가 임하시며 그 뜻이 이루어지도록 구하라고 가르치셨습니다(마 6:10). 일용할 양식을 구하라

고 가르치셨고(마 6:11), 추수할 일꾼들을 보내달라고 구하라고
가르치셨습니다(마 9:38). 일상의 필요도, 하나님나라를 위해서도
구하라고 하셨습니다.

❷ 기도와 응답을 통하여 하나님을 체험하기 때문입니다.

사람이 이르기를 이 땅이 황폐하더니 이제는 에덴 동산 같이 되었고 황
량하고 적막하고 무너진 성읍들에 성벽과 주민이 있다 하리니 너희 사
방에 남은 이방 사람이 나 여호와가 무너진 곳을 건축하며 황폐한 자리
에 심은 줄을 알리라 나 여호와가 말하였으니 이루리라 주 여호와께서
이같이 말씀하셨느니라 그래도 이스라엘 족속이 이같이 자기들에게 이
루어 주기를 내게 구하여야 할지라 내가 그들의 수효를 양 떼 같이 많
아지게 하되 제사 드릴 양 떼 곧 예루살렘이 정한 절기의 양 무리 같이
황폐한 성읍을 사람의 떼로 채우리라 그리한즉 그들이 나를 여호와인
줄 알리라 하셨느니라 겔 36:35-38

사실상 우리는 기도하지 않고도 하나님의 사랑과 은혜를 너무
나 많이 받으며 살고 있습니다. 아침에 눈을 뜨면 마주하는 햇빛
과 바람과 구름, 숨 쉴 수 있는 공기 등 많은 것을 누리며 살아도
구하지 않고 주어진 것이기에 당연한 것으로 여깁니다. 그래서 은

혜와 사랑은 하나님으로부터 받으면서 영광과 감사는 세상과 자신에게 돌려보냅니다.

그러나 기도하고 나서 일어나는 일은 하나님의 살아계심과 응답하심에 대한 놀라운 체험과 확신이 됩니다. 그러므로 하나님께서 우리에게 온갖 좋은 것을 주기 원하시지만, 우리가 먼저 구해야 주시는 것입니다.

❸ 영적 전쟁이 있기 때문입니다. 하나님과 우리만 있지 않고, 하나님의 계획이 이 땅에서 성취되는 일, 우리가 하나님의 뜻대로 사는 일을 방해하는 악한 영의 역사가 있습니다. 그래서 기도 없이는 이루어지지 않습니다.

중보기도는 사역으로의 부름이 아니라 하나님과의 관계로의 부름입니다. 제임스 휴스턴이라는 영성 신학자가 말했습니다. "당신의 하나님이 어떤 분인지 말해달라, 그러면 나는 당신의 기도가 어떤지 말해줄 수 있다." 하나님과의 관계가 우리의 영적인 깊이, 기도의 수준을 말해줍니다. 하나님께는 우리가 어떤 기도를 드리느냐보다 "내가 하나님께 누구인가?" 하는 것이 더 우선적인 관심입니다. 하나님을 하나님 되게 아는 것, 하나님의 사랑을 알고 누리는 것이 모든 신앙생활의 열쇠입니다. 따라서 중보기도는 응답이 아니고 하나님과의 관계입니다.

한번은 유치부 전도사님이 여섯 살 유치부 아이의 헌금 봉투를

가지고 왔습니다. 그 봉투에는 삐뚤빼뚤한 글씨로 기도 제목이
써 있었습니다.

"하나님 제가 하나님께 만 원을 드리는 게 아까워요. 그렇지 않게 해주세용"
"하나님 아버지 제가 돈을 조아해서 하나님게 돈을 드리기 실은 마음을 받어주세요"

두 개의 헌금 봉투를 가지고 나온 아이가 너무 귀여워서 전도
사님이 물어보았답니다.
"뭐라고 기도해줄까?"
"제가 돈보다 하나님을 좋아하게 해주세요."
유치원생만 되어도 돈이 가진 힘을 압니다. 물론 어른들은 이
아이보다 돈을 더 잘 알고 더 좋아합니다. 그런데도 이런 기도를
드리지는 않습니다. 정직한 기도가 어떻게 가능합니까? 하나님
이 살아계신 분임을 믿어야 가능합니다. 또한 정직한 기도가 있을
때 비로소 하나님과의 관계가 실제가 되는 것입니다.
2015년 예멘(Yemen)의 상황이 어려워지면서 대부분의 선교사님
들이 철수하였습니다. 끝까지 남아 있던 한 팀의 선교사님들도 이
제는 철수해야 할 단계에 이르렀다고 판단했습니다. 그래서 안전
하게 탈출할 수 있도록 해달라는 기도 제목이 올라왔습니다. 선
교사님들이 사역하는 곳에서 수도인 사나(Sanaa)까지 차를 구하
고 연료를 구해 안전하게 나오는 것, 사나까지 무사히 온 다음 비

행기를 타는 일, 이 모두가 너무나 긴박하고 보안을 요하는 매일 기도 제목들이었습니다.

'오늘은 비행기를 탈 수 있을까? 오늘은 가능할까?'

보안이 가장 중요한 문제였기에 모든 교우들에게 오픈하지는 못하고 중보기도팀에게만 기도 부탁을 하며 피 말리는 3주간의 시간을 보냈습니다. 마침내 비행기를 탔다는 소식을 듣고 "할렐루야"를 외치며 얼마나 울었는지요. 비행기를 탔다는 소식을 들은 것이 월요일이었는데, 금요일에 저희 교회 성령 집회에 선교사님들이 참석하여 간증을 하셨습니다.

함께 기도했기 때문에 하나님께서 어떤 극적인 과정을 통해 나오게 하셨는지 듣고 싶었습니다. 그것이 살려주신 하나님께 영광을 돌리는 당연한 일이라고 생각했습니다. 그런데 11세 아이의 고백, 16세 청소년의 고백, 50세 선교사의 고백까지 하나같이 다 그 땅에 남아 있는 예멘 사람들 걱정뿐이었습니다. 팀 리더인 선교사님은 "우리는 이곳에 난민으로 온 것입니다. 그 곳에 문이 열리면 다시 돌아갈 것입니다. 우리가 속히 돌아갈 수 있도록 기도해주십시오"라고 말씀하셨습니다.

저는 그 이야기를 들으면서 충격을 받았습니다. 저 같으면 살려주신 하나님께 감사하고, 살아나왔으니 당분간은 좀 쉬면서 안정을 찾으려 했을 것입니다. 그런데 이분들에게는 자신의 목숨보다 예멘 사람들의 영혼이 더 중요했습니다.

2장 하나님의 사랑을 누리는 기도

우리가 주님의 마음을 아는 수준은 다 다릅니다. 거기서 기도가 달라집니다. 하나님을 '무서운 하나님'으로 알면 어떻게 해서든지 하나님께 잘 보여야 할 것입니다. '아버지'라고 생각하면 떼를 쓰기도 할 것입니다. 자신을 '주의 신부'라고 생각하면 완전한 연합으로 나아가기를 힘쓸 것입니다. 이 모든 일이 하루아침에 이루어지지 않기 때문에 '관계'라고 말하는 것입니다.

믿음은 신뢰에서 나옵니다. 신뢰는 상대방의 본심을 아는 데서 나오지요. 그 마음속에 있는 사랑을 볼 때 신뢰가 됩니다. 마찬가지로 하나님의 본심이 우리를 사랑하신 사랑이라는 것을 깨닫고 그것을 붙잡고 누리게 될 때 믿음이 생깁니다. 사랑에 기초하지 않은 믿음은 순간에 깨어지고 흩어질 수 있는 공중누각에 불과합니다. 그런데 사랑에 기반을 둔 믿음은 풍파가 커도 무너지지 않습니다.

하나님과 우리의 관계

성경은 하나님과 우리의 관계를 여러 가지로 표현합니다. 토기장이와 진흙, 포도나무와 가지, 목자와 양의 관계로도 표현하지만, 인격과 인격이 만나는 관계로 아버지와 자녀, 신랑과 신부, 친구로 표현하기도 합니다. 우리의 신분 혹은 하나님과의 관계를 살펴보는 것은 기도에 있어서 너무나 중요합니다.

1. 아버지와 자녀의 관계

가장 먼저 아버지와 자녀의 관계입니다. 하나님은 여러분에게 좋은 아버지이십니까? "하나님은 전지전능하시고 우리를 사랑하는 아버지이시다." 우리가 이 말을 수도 없이 들었어도 신앙의 연조가 오래된 분일수록 '사랑의 하나님'은 가르치고 전하는 명제일 뿐, 실제로 사랑의 하나님을 경험하지 못하고 있습니다. 속으로는 오히려 하나님은 냉정하고 무자비하신 분으로 생각합니다. '나에게만 힘들게 하신다', '어떻게 더 순종하느냐' 이런 생각들이 자리잡고 있어요.

관계가 시작되어야 생명을 얻는 말씀
출애굽기 3장 14절에 하나님의 이름이 나옵니다. "나는 여호와다. 나는 스스로 있는 자이다." 우리가 늘 들어서 아는 내용이지만, 무슨 말인지 감이 오지 않는 말이지요. 히브리어를 가르치는 어느 교수님이 이 말을 설명하시면서 하나님의 이름은 "나는 거시기다" 이런 말과 같다 하시더라고요. 무슨 뜻입니까? 전라도 사투리로 '거시기하다'는 표현은 뭐라고 딱 꼬집어서 말할 수 없지만, 이심전심으로 느껴지는 것이 있다는 것 아닙니까? 그래서 한 문장 안에 이 단어가 많이 들어가도 다 달리 해석이 되는 것입니다. '하나님이 거시기다'라는 말은 원어적으로 마치 하나님께서 "내가 엄마야, 아빠야" 하는 말과 같다는 것입니다. 그러니 모세에게 "애굽으로 가서 내가 하라고 하는 대로 해. 안 하면 안 되는 너의 사명이야" 이렇게 말씀하시는 것이 아니라 "내가 너의 엄마여, 너의 아빠다. 걱정하지 말고 가랑께" 이렇게 말씀하신다는 것과 비슷한 분위기라는 것이지요.

저희 큰딸이 초등학교 1학년 때 반 친구를 집에 데리고 왔습니다. 그 당시만 해도 동네 건물마다 옥상에 십자가가 여럿 있을 때였습니다. 딸이 친구에게 이야기했습니다.

"너, 하나님 믿어야 해."

"왜 하나님을 꼭 믿어야 해?"

"하나님은 영이셔."

"영이 뭔데."

그러자 딸은 답답하다는 듯이 이렇게 말했습니다.

"영이시라니깐."

어린아이이니 영이라는 말을 들어서 알기는 알아도 딱히 친구에게 설명해줄 수 없었을 것입니다. 그런데 어른들 역시 하나님께서 "나는 스스로 있는 자이다"라고 하신 이 말씀을 우리 딸처럼 "하나님은 스스로 있는 자라니까!" 이렇게 알고 있지 않을까요?

하나님이 "나는 스스로 있는 자이니라"(출 3:14)라고 자신을 소개하시는 말은 교리가 아닙니다. "내가 여호와다. 난 이런 존재야. 감히 까불지 마, 믿어, 따라와"라고 우리에게 자신을 과시하신 것도 아닙니다. "내가 너를 지키는 자야. 내가 너의 공급자야. 걱정하지 마. 내가 책임질 거야"라는 하나님의 마음을 보여주고 싶어하시는 것입니다.

출애굽기 3장 12-14절 말씀을 이 분위기를 살려서 읽어보겠습니다. "12 반드시 내가 너와 함께할 거야. 13 하나님이 보냈다고 하면 그들이 그의 이름이 무엇이냐고 할 텐데 그러면 뭐라고 합니까? 14 나는 스스로 있는 자야. 나는 엄마야. 아빠야. 내가 보냈다고 해라."

이 본문의 말씀을 이런 각도에서 읽으면 말씀이 얼마나 달라지는지요. 알 것 같으면서도 무슨 말인지 모르는 말들이 생기를 얻고 춤을 추기 시작합니다. 하나님과 우리의 관계가 시작되어야 모든 말씀은 생명을 얻어 움직이기 시작합니다.

하나님의 사랑을 의심하고 오해하게 만드는 마귀의 일

마귀가 하는 일은 하나님을 오해하게 만들어서 하나님의 사랑을 의심하게 하고 결국은 하나님을 떠나게 만듭니다. 김형익 목사님이 쓰신 책에 "최초의 범죄는 선악과를 따먹은 시점이 아니라 하와의 마음속에 하나님에 대한 의심이 일어나기 시작한 지점"[2]이라는 표현이 있는데 맞다 싶습니다. 죄는 단순히 어떤 일을 하거나 하지 않는 것이 아니라 하나님을 의심하는 마음입니다. 하나님에 대한 왜곡된 생각이 바로 죄가 시작되는 지점이기 때문에 사탄은 이 땅을 자기 세상으로 바꾸기 위해서 사람들의 생각을 바꾸려고 부단히 애를 써왔습니다. 이 일이 에덴동산에서부터 지금까지 이어지고 있습니다.

하와가 모든 나무의 열매를 마음껏 먹으라는 말씀은 감사로 받지 않고, 선악과만은 먹지 말라고 하신 말씀을 왜곡하여 사탄에게 응답하고 있으니 결국 사탄에게 넘어가게 되는 것이지요. 하와 곁에서 조금씩 관점을 어긋나게 했던 사탄의 속삭임을, 나는 허용하지 않았는지 돌아봐야 합니다. 지금도 마귀는 하나님을 오해하고 섭섭하게 여기게 하는 질문을 우리 귀에 속삭입니다.

누가복음 15장 11-32절에 나오는 아들들도 마찬가지입니다. 흔히 '탕자의 비유'라고 하고 그 탕자가 둘째 아들이라고 생각하지만, 사실 두 탕자가 있지요. 큰아들은 집 안에 있는 탕자이고, 작은아들은 집 나간 탕자입니다. 둘 다 아버지의 사랑을 의심합니다.

큰아들은 아버지가 탕자인 둘째 아들만 사랑한다고 생각했고, 집을 나갔던 둘째는 죽을 지경이 되자 아버지 집으로 돌아오지만 죄책감에 두려워합니다. 둘째 아들을 움직이는 힘이 두려움이라면, 첫째 아들을 움직이는 힘은 의무감이었습니다. 반면에 아버지를 움직이는 힘은 사랑이었습니다. 그러니 동구 밖을 내다보며 아들을 기다릴 수 있었지요. 툴툴거리는 큰아들에게 "너는 형이 되어서 어째 그러냐" 이렇게 야단치지 않고 "얘, 내 것이 다 네 것이 아니냐"라고 하십니다.

이렇게 우리의 삶을 움직이는 힘에는 세 가지가 있습니다. 사랑, 두려움, 의무감입니다. 하나님께서 우리를 자유롭고 행복하게 살도록, 사랑의 힘으로 움직이도록 창조하셨는데 우리의 생각이 왜곡되어 사랑은 힘든 것, 나만 손해보는 것이라고 생각합니다. 그리고 끊임없는 두려움과 의무감으로 살아가니 힘도 없고 불행합니다.

율법에 매여 산다는 것은 우리를 움직이는 힘이 두려움과 의무감이 되어서 사는 것이고, 복음으로 산다는 것은 사랑이 우리를 움직이는 힘이 된다는 뜻입니다. 그 사랑의 힘은 사랑의 근원이신 우리 주님으로부터만 흘러 들어오는 것이지요. 나를 움직이는 힘은 무엇입니까? 사랑이 우리를 움직이는 힘이 될 때, 우리는 기쁨 안에서 자유롭고 행복하게 신앙생활을 하고 일상생활도 하게 됩니다.

품안으로 파고드는 자녀에게 주시는 상

아버지 하나님의 사랑에 대한 확신의 말씀이 히브리서 11장 6절입니다.

믿음이 없이는 하나님을 기쁘시게 하지 못하나니 하나님께 나아가는 자는 반드시 그가 계신 것과 또한 그가 자기를 찾는 자들에게 상 주시는 이심을 믿어야 할지니라 히 11:6

하나님은 우리가 잘 보이고 뭔가 잘해내면 상을 주신다고 하지 않으시고, 하나님께 나아가는 자, 아버지의 사랑의 품으로 달려드는 자에게 상을 주신다고 하셨습니다. 기도 응답은 합격점을 받은 자에게 주어지는 상이 아니라 하나님께 나아가는 자에게 주어진 상입니다. 우리는 그 하나님께 무엇이든지 구할 수 있습니다.

아기가 엄마를 찾기도 전에 엄마는 이미 자녀의 부름에 응답할 준비를 하고 있잖아요. 아기가 배고프다고 울 때, 엄마는 "네가 그 정도로 울어서 되겠니? 내가 좀 더 들어보고 우유를 줄게" 이렇게 하지 않습니다. 아기가 울기 전부터 엄마는 이미 젖병에 우유를 타고 있습니다.

우리가 목이 터져라 하나님의 이름을 부르는 것 같아도, 실은 하나님께서 먼저 우리의 이름을 부르셨습니다. 내가 "하나님!" 하고 부르기 전에 하나님이 "리부가야!" 이렇게 불러주셨기 때문에 기도할 수 있게 된 것입니다. "나는 여호와야"라는 말은 "네가 영원히 기억하고 부를 이름이야. 네가 사랑할 이름이야. 힘들어? 내 이름을 불러. 나를 찾으면 돼" 이렇게 말씀하시는 것입니다.

아버지가 꼭 해주고 싶으셨던 말

오랜 세월 동안 제 생일은 저에게 슬픈 날이었습니다. 제 생일 날 아버지가 돌아가셨기 때문입니다. 그런데 지금은 하나님께서 기가 막히게 생명과 죽음을 연결해놓으신 날이라고 여겨집니다. 선한목자교회 교역자 수련회에 갔던 어느 해의 일입니다. 소그룹 으로 나눠서 서로를 위해 기도해주는 시간이 있었습니다. 제가 속 한 그룹에서도 서로 기도해주는 가운데 제 차례가 되었습니다. 어 떤 목사님이 "하나님께서 사모님을 너무나 사랑하십니다"라고 하 시는데 제가 그만 불쑥 이렇게 대답했습니다.

"과연 그럴까요?"

그렇게 말하고서 제 입을 두 손으로 막았지만 이미 쏟아진 물이 었습니다. 하나님이 사랑하신다는 말씀이 특별한 말씀도 아닌데 그냥 "아멘" 하면 되었을 것을, 왜 나도 모르게 그런 반응을 하였 을까요? 스스로 당황스러워하는 가운데 뒤이어 각자 기도하는 시 간이 되었고, 저는 성령의 만지심으로 깊은 안식 가운데 들어갔습 니다.

안식 가운데서 아버지가 돌아가실 때 장면이 눈앞에 펼쳐졌습 니다. 아버지는 저녁 식사를 마치고 혼수상태에 들어가시기 전, 아무 유언도 못 하신 채 제 손을 꼭 잡고 제 이름만 몇 번 부르셨 습니다. 그리고 "십자가 동산"이라는 말만 10시간 정도 하시다가 다음날 새벽에 돌아가셨습니다. 아버지가 제 이름을 부르실 때

2장 하나님의 사랑을 누리는 기도

제가 "아버지, 염려 마세요"라고 대답했던 그때의 장면이 떠오르는 것입니다. 그 장면을 보면서 저는 아버지가 부르던 제 이름, 그 책임감에 묶여 있는 제 자신을 보았습니다. 아마 아버지는 맏이인 저에게 엄마와 동생들을 부탁한다고 말씀하고 싶으셨다고 생각했습니다.

그런데 그 날은 깨달아졌습니다. 아버지가 그렇게 계속 부르시던 '십자가 동산'은 아버지가 영의 눈이 열려 보셨던 세계였을 뿐 아니라, 제 이름을 부르고 또 말씀해주고 싶은 세계였습니다. "리부가야, 힘들지만, 엄마와 동생들을 부탁한다. 나는 십자가 동산으로 간다"가 아니었습니다. "리부가야, 힘들어 보여도 십자가 동산 안에 모든 답이 있다. 십자가 동산을 누리거라." 저는 그날 아버지가 저의 이름을 부르며 꼭 해주고 싶으셨던 말을 비로소 들었고, 그 안식 가운데 깊은 눈물 속에서 감정까지 완전히 회복되었습니다.

사랑의 하나님이 나의 아버지가 되셨다!

저처럼 하나님이 사랑한다고 하시면 '또 누구를 사랑하라고 하는 거야' 이렇게 생각하거나 이름을 부르시면 '또 뭐 시키려고 하시는 거야' 이렇게 생각하는 분은 없으신가요? 주님이 이름을 부르실 때 나를 향한 하나님의 마음을 느껴보십시오. 육신의 가족이든지, 영적인 가족이든지 우리에게 주신 모든 관계는 짐이나 의무가 아닙니다. 주님은 우리에게 이미 주신 사랑과 축복의 관계를 누리라고 초청하시는 것입니다. 깊은 속마음까지 완전히 고쳐주기를 원하시는 것입니다. 여러분에게 사역이 무거운 의무이지 기쁨이 아니라면, 사람들과의 관계가 얽매임으로 여겨진다면 주님과의 관계를 점검해보시기 바랍니다.

주님을 바라보면서 주님이 먼저 나를 보고 계셨음을 알게 됩니다. 내가 "하나님 아버지" 이렇게 부르기도 전에 하나님이 먼저 "내 딸아" 이렇게 부르신 것을 알게 됩니다. '하나님이 나를 보고 계셨구나. 하나님이 나를 알고 계셨구나. 나를 사랑하고 계셨구나!' 우리가 기도하면서 가장 먼저 확인하고 붙잡을 것은 "사랑의 하나님이 나의 아버지가 되셨다!", "나는 하나님의 딸이다!"라는 것입니다. 우리가 "하늘에 계신 아버지"라고 부르면 하나님은 벌써 우리 앞에 계십니다. 이미 그 아버지가 성령님으로 우리 안에 와 계십니다. 나와 함께하시는 예수 그리스도, 그분은 결코 우리를 떠나지 않으십니다.

너의 하나님 여호와가 너의 가운데에 계시니 그는 구원을 베푸실 전능자이시라 그가 너로 말미암아 기쁨을 이기지 못하시며 너를 잠잠히 사랑하시며 너로 말미암아 즐거이 부르며 기뻐하시리라 하리라 습 3:17

He will quiet you with his love, he will rejoice over you with

　　　　　　　　　　　　　2장 하나님의 사랑을 누리는 기도

singing. 습 3:17 NIV

자녀와 종의 차이가 무엇입니까? 종은 일로써 평가받습니다. 하지만 자녀는 존재 자체로 중요합니다. 기도한다고 하면서도 넘어지고 엎어지고 일어나기조차 싫은 순간이 저에게도 많았습니다. 그때마다 일어설 수 있었던 것은 나의 의지와 노력이 아니라 엎어지면 곁에 누워서 저를 쓰다듬어주시고, 일어나기 싫다고 떼를 쓰면 조용히 손잡아 기다려주시는 아버지의 손길과 눈길, 바로 부인할 수 없는 하나님의 사랑이었습니다. 살아오면서 응답된 기도 제목도 많고 또 제가 원하는 대로 응답되지 않은 기도 제목도 많았지만, 하나님의 사랑의 계획이 저에게서 실패하지 않았다는 것을 붙잡고 일어설 수 있었습니다. 날마다 하나님과의 관계 속에서 누리는 신뢰가 있었기 때문입니다.

자녀에서 부모로, 하나님 아버지의 마음의 자리로
목회를 하고 자녀를 양육하다보니 만나게 되는 하나님의 성품이 있습니다. 바로 인내입니다. 천지를 지으신 하나님께서 마치 아무것도 하실 수 없는 아버지처럼 우리를 기다리고 계십니다. 기도밖에는 다른 길이 없는 상황을 만날 때 우리도 비로소 하나님의 이 성품을 배우게 됩니다.
'영적 어미'라는 말이 있습니다. 하나님 아버지께서 그러하셨듯이 '어미'라는 단어는 '인내'라는 단어와 동의어인 것 같습니다. 그래서 어미가 되는 과정에는 속절없이 기다려야만 하는 이들을 반복적으로 만나게 되는 일이 반드시 포함됩니다. 그런데 바로 그 자리가 아버지께서 우리를 초대하시는 자리입니다. 말도 안 되는 사람들을 만날 때마다 나를 받아주신 아버지를 만납니다. 하나님의 마음을 알게 됩니다. 부모가 되어봐야 부모의 마음을 이해할 수 있습니다. 그래서 내가 하나님의 자녀로서 누리는 사랑에 대한 확신을 아비의 자리, 어미의 자리에서 한층 더 누리게 됩니다.

여러분 곁에 여러분을 힘들게 하는 이가 있나요? 하나님께서 "나도 힘드니 너도 좀 힘들어봐라?" 이러실까요? 우리가 감히 어떻게 하나님의 마음을 알 수 있을까요? 우리는 영적 어미의 자리, 속 썩이는 사람들을 상대하는 자리에서 속을 뒤집어 보여주시는 하나님 아버지를 만나게 되는 것입니다.

목회하다보면 마음을 참 아프게 하는 이들을 만날 때가 있어요. '어떻게 그럴 수 있나' 하는 생각이 순간순간 들어요. 그런데 기도의 자리에 앉으면 주님이 '그렇게 내 속을 썩이더니 너도 좀 힘들어봐야 해' 이렇게 말씀하신 적은 한 번도 없습니다. 주님이 이렇게 물으십니다. "내 마음을 너는 아느냐? 네가 가장 사랑하는 사람을 위하여 기도하는 것과 똑같은 마음으로 그를 위해 기도할 수 있겠니?" 그럴 때 마음이 쉽지 않습니다. '그저 용서한다고 하는 고백을 드리는 것도 힘들어서 끙끙거리다가 겨우 순종할 때가

2장 하나님의 사랑을 누리는 기도

많은데 사랑이라니요. 그것도 제가 제일 사랑하는 이와 동일하게 사랑하는 기도를 하라니요.' 그렇지만 주님의 말씀은 언제나 옳으시고 선하시고 완전하시기에 그렇게 해보겠다고 고백합니다.

처음에는 입도 떨어지지 않았습니다. 입으로는 기도하지만 마음이 움직이지 않습니다. 그런데 기도하고 기도하다보니 어느새 그 사람을 위해 먼저 기도하고 남편 기도를 하기도 하고, 남편 기도를 하고 그 사람 기도를 하기도 합니다. 마치 천칭 저울 양쪽에 추를 달아놓듯이 남편을 위한 기도와 그 사람을 위한 기도를 양쪽에 올려놓고 하나님이 보시기에 기울지 않기를 구합니다.

그런데 놀랍게도 그렇게 기도하다보니 예전에는 절대 알 수 없었던 주님의 마음이 부어집니다. 주님의 마음은 잘못한 사람에 대해 절대 비난하는 마음이 아닙니다. 주님의 마음은 그저 애통할 뿐이지요. 집 나간 아들이 돌아오기를 동구 밖에서 기다리고 계시는 그 마음을 저에게도 부어주십니다.

주님은 제게 판단하는 자리가 아니라 어미의 자리에 서서 섬기라고 부르십니다. 주님은 저만 억울하게 하시는 것이 아니라, 저를 아버지가 가진 모든 것을 부어주는 풍요함의 자리로 초청하신 것이었어요. "내 것이 다 네 것이다"라고 말씀하시는 주님의 음성을 듣습니다.

자식을 기뻐하는 부모의 마음

'오직 사랑으로 역사하는 믿음'이라고 하셨지만 누구를 위해 사랑의 기도를 하는 일은 우리 힘으로는 절대 불가능합니다. 내가 받은 사랑을 깨닫지 못하고 집 나간 둘째 아들의 자리에서는 감당할 수 없습니다. 몸은 아버지 집에 머물고 있으나 마음은 분노에 가득찬 첫째 아들의 자리에서도 절대로 감당할 수 없습니다. 아들을 내어주셔서 죽게 하시는 아버지의 마음의 자리로 들어가야 합니다. 무조건적인 하나님의 사랑에 대한 확신은 내가 무조건적인 사랑의 자리에 섰을 때 비로소 누리게 되는 것입니다.

'탕자'라는 말로 번역되는 영어 문구에서 형용사 'prodigal'은 "제멋대로 군다"는 뜻이 아니라 "무모할 정도로 씀씀이가 헤프다"라는 뜻이다. 하나도 남김없이 다 쓴다는 의미다. … 예수님이 보여주시는 하나님은 앞뒤 재지 않고 아낌없이 다 내주시는 분이다. 그런 의미에서 하나님은 자녀인 우리에게 그야말로 '탕부'시다. 하나님의 무모한 은혜야말로 우리의 가장 큰 소망이요, 삶을 변화시키는 경험이다. [3]

"하나님은 사랑이시다"라고 하면 '또 누구 용서하고, 누구 사랑하라고 하는구나' 하는 반발심이 우리에게서 떠나가는 날이 되기를 바랍니다. 용서하라는 것은 가장 좋은 것을 주시겠다는 것입니다. 사랑하라고 하시는 것은 내게 이미 주셨고 또 넘치게 주실 자리로 초대하시는 것입니다. 그 초청에 응답하면 주님 안에 있는 부요함과 생명이 우리에게 흘러넘치게 됩니다.

우리의 죄된 본성으로는 하나님이 우리를 기뻐하신다는 말을 믿기 어렵습니다. '우리가 죄를 지을 때, 실패할 때 하나님이 용서는 해주시겠지만 기뻐하시지는 않아. 설마 기뻐하시기까지 하겠어?' 이렇게 생각합니다. 그런데 진리는 기뻐하신다는 것입니다.

내가 그들에게 한 마음과 한 길을 주어 자기들과 자기 후손의 복을 위하여 항상 나를 경외하게 하고 내가 그들에게 복을 주기 위하여 그들을 떠나지 아니하리라 하는 영원한 언약을 그들에게 세우고 나를 경외함을 그들의 마음에 두어 나를 떠나지 않게 하고 내가 기쁨으로 그들에게 복을 주되 분명히 나의 마음과 정성을 다하여 그들을 이 땅에 심으리라 렘 32:39-41

우리는 그리스도의 사도로서 마땅히 권위를 주장할 수 있으나 도리어 너희 가운데서 유순한 자가 되어 유모가 자기 자녀를 기름과 같이 하였으니 우리가 이같이 너희를 사모하여 하나님의 복음뿐 아니라 우리의 목숨까지도 너희에게 주기를 기뻐함은 너희가 우리의 사랑하는 자 됨이라 … 너희는 우리의 영광이요 기쁨이니라 살전 2:7-8,20

부모가 되어보면 자식을 기뻐하는 부모의 마음을 알게 됩니다.

못생긴 아이를 안고서도 세상에서 제일 예쁜 아이를 안고 있는 듯 사랑스러운 표정으로 행복해하는 엄마와 아빠의 모습이 우리를 바라보시는 하나님 아버지의 마음입니다. 그래서 우리를 그 자리로 부르시는 것입니다.

2. 친구와 친구의 관계

친구로의 부름은 신부로의 부름과 또 다른 사랑의 관계의 부름입니다. 생명을 주고받은 관계에서 오는 담대함과 동지 된 끈끈함이 있는 관계입니다. 성경은 하나님이 친히 친구라고 부른 이들에 대해서 말하고 있습니다. 우리는 종처럼 아무것도 알지 못한 채 하나님의 계획을 알게 해달라고, 뜻을 보여달라고 애걸하는 존재가 아닙니다. 종은 주인의 뜻을 모른 채 시키는 대로 해야 하지만 친구는 다릅니다. 예수님께서는 예수님이 아버지 하나님께 들은 것을 다 우리에게 알려주었다고 하셨습니다. 그것이 친구 관계입니다.

이제부터는 너희를 종이라 하지 아니하리니 종은 주인이 하는 것을 알지 못함이라 너희를 친구라 하였노니 내가 내 아버지께 들은 것을 다 너희에게 알게 하였음이라 요 15:15

        2장 하나님의 사랑을 누리는 기도

구약성경에 보면 하나님이 친구라고 부르신 이들이 있습니다. 모세와 아브라함입니다.

그러나 나의 종 너 이스라엘아 내가 택한 야곱아 나의 벗 아브라함의 자손아 사 41:8

하나님은 아브라함을 벗이라고 부르셨습니다. 친구 관계는 무슨 이야기든지 할 수 있는 관계입니다. 친한 관계는 담대하게 만듭니다. 아브라함은 소돔과 고모라를 멸망시키시려는 하나님 앞에 나아가 멸망을 가로막는 기도를 드립니다. 의인 50명만 있으면 멸망시키지 않으시겠다는 답을 받아내고, 다시 "45명은요, 40명은요, 30명은요" 이렇게 물으면서 감히 엄위하신 하나님께 거래하듯 하는 대화를 합니다. 마침내 의인 10명만 있으면 멸망시키지 않으시겠다는 답을 받아냅니다.

주께서 이같이 하사 의인을 악인과 함께 죽이심은 부당하오며 의인과 악인을 같이 하심도 부당하니이다 세상을 심판하시는 이가 정의를 행하실 것이 아니니이까 창 18:25

감히 누가 하나님께 이렇게 구할 수 있다는 말입니까? 하나님께 어떻게 부당하다는 단어를 쓸 수 있습니까? 그런데 하나님은 아브라함을 믿었고 아브라함도 하나님을 알았습니다. 이렇게 구하는 것이 하나님의 노를 일으키는 일이 아니라 하나님은 이렇게 구하는 것을 기뻐하시는 성품이심을 알았기 때문입니다. 친하면 속마음을 알게 됩니다. 마귀를 꾸짖는 것은 큰 목소리가 아닙니다. 악한 영이 떠나게 만드는 기도의 능력은 하나님과 연합된 사랑의 힘입니다.

또 한 사람은 모세입니다. 하나님이 모세를 어떻게 대우하시는지가 성경에 나옵니다.

사람이 자기의 친구와 이야기함 같이 여호와께서는 모세와 대면하여 말씀하시며… 출 33:11

나 여호와가 환상으로… 꿈으로 그(선지자)와 말하기도 하거니와 내 종 모세와는 그렇지 아니하니… 그와는 내가 대면하여 명백히 말하고 은밀한 말로 하지 아니하며… 민 12:6-8

모세를 친구라고 부르시며 모세와 얼굴과 얼굴을 맞대고 대화하시는 모습을 볼 수 있습니다. 출애굽기 24장에 보면 하나님께서 시내산에서 언약을 맺으실 때 백성들은 산 아래에 있게 하시고 아론과 나답과 아비후와 70인의 장로들은 산 중턱까지 올라오게 하십니다. 그들은 하나님과 먹고 마시는 시간을 가졌습니다. 그

후에 모세만 꼭대기로 부르셔서 40일을 함께하셨습니다.

> ··· 너는 산에 올라 내게로 와서 거기 있으라 출 24:12

저는 이 말씀이 너무 좋습니다. 저 혼자 이 장면을 상상합니다. 하나님과 나란히 앉아 있는 모세의 모습을 상상해봅니다. 명백하게 말할 수 있는 친구라고 하셨으니 무슨 말이든지 할 수 있었겠지만 구태여 말이 필요 없었을 것 같습니다. 속썩이는 이스라엘 백성들을 이끌고 여기까지 오느라고 얼마나 힘들었는지 하소연하고, 그 이야기를 들으신 하나님은 얼마나 힘들었냐고 토닥여주시고, 그렇게 하지 않았을 것 같습니다. 향후 광야의 여정을 브리핑하고 하나님께서 그 일정을 수정하시는 대화를 하지도 않았을 것 같습니다. 친구 둘이 바닷가에 앉아 일렁이는 파도를 보며 서로 아무 말을 안 하고 그냥 앉아 있기만 해도 좋은 것과 같다고 할까요? 하나님의 얼굴을 대하는 것만으로 모든 고단함이 다 씻겨져서 그저 이심전심 하나님과 같이 앉아 있었을 것 같습니다. 그래서 저는 이 구절이 참 좋습니다.

"내게로 와서 거기 있으라!"

> 여호와께서 이르시되 내가 친히 가리라 내가 너를 쉬게 하리라 출 33:14

하나님께서는 금송아지 사건 이후 이스라엘과 같이 가시겠다고 하시면서 너도 힘내서 잘해보라고 하지 않으셨습니다. 내가 함께할 것이니 힘들어도 잘 참고 가자고 하지 않으셨습니다. 모세로 하여금 쉬게 하신다고 하셨습니다. 너무나 놀라운 말씀입니다. 주의 사명을 감당하는 것이 고단한 일일 수 있지만 주님과 함께하기 때문에 안식할 수 있습니다. 힘든 일을 마치고 따로 쉬어야 하는 것이 아니라 주님과 함께하는 모든 순간이 사명이고 안식입니다.

그러니 기도도 마찬가지입니다. 밤을 새우기도 하고, 새벽을 깨우기도 하며, 때론 금식하며 기도하면 육신의 본성을 거스르는 고단함이 있습니다. 품어지지 않는데 품어야 하는 고통과 악한 영의 역사를 대적하는 수고가 있습니다. 하지만 기도하는 모든 순간이 바로 안식이고 쉼이 됩니다. 함께하시는 예수님 때문입니다.

3. 신랑과 신부의 관계

하나님께서 우리를 부르신 여러 관계 중에 신부로 부르신 것이 있습니다. 하나님을 남편으로 우리를 아내로, 혹은 예수님을 신랑으로 우리를 예수님의 신부로 묘사하고 있습니다.

❶ 신랑과 신부의 관점에서 성경을 보면 성경은 결혼 이야기로 시작해서 결혼 이야기로 마칩니다.

창세기 2장의 아담과 하와의 혼인에서부터 시작하여 요한계시록에서 우리가 어린양 되신 예수 그리스도의 신부가 되는 것으로 마쳐집니다. 예수님이 공생애를 시작하셔서 첫 번째 행하신 기적이 가나 혼인잔치에서의 기적입니다.

이런 관점에서 보면 우리가 구약을 읽으며 이해하지 못했던 많은 부분들이 이해가 됩니다. 그리고 기도의 차원이 달라지게 됩니다. 하나님 아버지께 자녀로서 구하는 차원에서 어린양의 신부로서 간구하게 되는 것입니다.

제가 처음 이 관계에 대해서 눈이 열린 것은 2005년입니다. 교회에 누구나 와서 기도할 수 있는 기도처를 만들고, 24시간 열방을 위해 중보하는 기도의 집이라고 해서 '마가다락방'이라는 이름을 붙였습니다. 마가다락방 기도실들로 들어가는 복도에 "또 여호와께서 예루살렘을 세워 세상에서 찬송을 받게 하시기까지 그로 쉬지 못하시게 하라"(사 62:7)는 말씀도 붙여 놓고 쉬지 않는 기도, 선교 완성을 위해 드리는 기도를 모토로 했지만, 문제는 성도들이 잘 움직이지 않았습니다. '이 기도가 옳은 기도인데 왜 그럴까?'라고 고민하며 억지로 끌고 가려고 하는 저 자신도 지쳐갔습니다.

그런데 어느 날 기도실에 앉아서 이사야서 말씀을 읽는데 62장 말씀에 제 눈이 확 열리는 것 같았습니다. 하나님이 이스라엘을 향해 '헵시바와 뿔라'라고 부르십니다. '헵시바'는 "나의 기쁨"이라는 뜻이고, '뿔라'는 "결혼한 여자"라는 뜻입니다. "그렇구나. 쉬지 않고 성벽을 지키는 파수꾼이 되기 위해서는 헵시바요 뿔라가 먼저 되어야 하는구나." 6-7절이 이루어지려면 4-5절이 먼저 이루어져야 하는 것임을 깨닫게 되었습니다.

다시는 너를 버림 받은 자라 부르지 아니하며 다시는 네 땅을 황무지라 부르지 아니하고 오직 너를 헵시바라 하며 네 땅을 뿔라라 하리니이는 여호와께서 너를 기뻐하실 것이며 네 땅이 결혼한 것처럼 될 것임이라 마치 청년이 처녀와 결혼함 같이 네 아들들이 너를 취하겠고 신랑이 신부를 기뻐함 같이 네 하나님이 너를 기뻐하시리라 사 62:4-5

결혼한 부부는 집을 지켜야 한다고 힘들어하지 않습니다. 내집이니 당연히 지킵니다. 밤에는 문을 잠그고 식구들과 소유를 보호합니다. 그것을 당연하게 여깁니다. 누가 지키지 말라고 하면 오히려 힘들 것입니다. 사랑하는 내 가족이니까 그렇지요. 아내가 남편을 너무나 사랑하면, 남편과의 관계가 행복하면, 가족을 위해 수고하는 일들이 기쁨이 됩니다. 기도의 파수꾼, 쉬지 않고 기도하는 중보기도자는 먼저 '주님의 신부'가 되어 "헵시바와 뿔라"라고 하시는 주님과의 사이에서 사랑을 누려야 한다는 것을 깊이 깨닫게 되었습니다.

그리고 신부에 대한 말씀들을 찾아보기 시작했습니다. 쉬지 않고 기도할 수 있는 힘은 사랑의 관계에서만 나올 수 있습니다. 다른 모든 봉사와 섬김도 의무적인 종교 활동이 아닌 사랑하는 남편과의 친밀함으로 부르시는 초대입니다.

❷ 성경의 많은 부분에서 하나님과 우리의 관계를 남편과 아내로 표현합니다.

신랑과 신부의 관점으로 보니 구약의 많은 부분, 특히 어렵게 여겨지는 예언서의 많은 부분들이 이해가 되었습니다. 특히 하나님을 떠난 이스라엘 백성을 음행한 여인으로 비유합니다.

> 그제야 그가 이르기를 내가 본 남편에게로 돌아가리니 그 때의 내 형편이 지금보다 나았음이라 하리라⋯ 여호와께서 이르시되 그 날에 네가 나를 내 남편이라 일컫고 다시는 내 바알이라 일컫지 아니하리라
>
> 호 2:7,16

> 이 언약은 내가 그들의 조상들의 손을 잡고 애굽 땅에서 인도하여 내던 날에 맺은 것과 같지 아니할 것은 내가 그들의 남편이 되었어도 그들이 내 언약을 깨뜨렸음이라 여호와의 말씀이니라 렘 31:32

하나님은 언제나 이스라엘을 아내로 대우하셨지만 이스라엘은 어리석게도 남편 되신 하나님을 떠나 세상으로 갔습니다. 구약에서 하나님은 불같이 화를 내시는 모습으로 묘사된 부분이 많습니다. 우리는 그런 말씀을 읽을 때마다 하나님을 두려운 분으로 생각합니다. 스스로 "질투하시는 하나님"이라고 하시는 말씀을 읽으면 '하나님이 왜 그러시지?' 하는 마음이 들기도 합니다.

> 너는 다른 신에게 절하지 말라 여호와는 질투라 이름하는 질투의 하나님임이니라 출 34:14

> 만군의 여호와가 이같이 말하노라 내가 시온을 위하여 크게 질투하며 그를 위하여 크게 분노함으로 질투하노라 슥 8:2

그런데 이 말씀을 남편과 아내의 관계에서 읽으면 달리 읽힙니다. 어떤 아내가 남편이 다른 여자를 만나는데 "그럴 수도 있지"라고 하면서 넘어갈 수 있겠습니까. 어떤 남편이 아내가 외도를 하는데 아무렇지 않게 여길 수 있습니까. 만약 그런 반응을 보인다면 그 관계에는 문제가 있는 것입니다. 부부관계란 독점적인 관계입니다. "나는 당신만을 사랑하니 당신도 나만을 사랑하라"고 서로 언약을 맺는 배타적인 관계입니다. 다른 사람이 절대 끼어들 수 없는 한몸의 관계입니다.

그런 사랑의 관계로 하나님이 우리를 부르셨는데 "하나님이 너무 무섭다, 심하다" 이렇게 반응한다면 하나님의 사랑을 너무나 모르는 것입니다. 고멜이 돌아오기를 기다리던 호세아 선지자의 마음이 바로 하나님의 마음입니다. 우상을 숭배하는 음란함을 버리고 본 남편에게로 돌아오라는 에스겔, 이사야, 예레미야의 호소는 주님의 안타까운 음성이었습니다.

❸ 예수님과 교회의 관계

신약으로 와서 예수님은 교회와의 관계를 통해 신랑과 신부의 관계를 말씀하십니다. 우리 개인과도 신랑과 신부의 관계를 맺으시지만 교회와도 그런 관계를 맺으시는 것을 보게 됩니다.

남편들아 아내 사랑하기를 그리스도께서 교회를 사랑하시고 그 교회를 위하여 자신을 주심 같이 하라 이는 곧 물로 씻어 말씀으로 깨끗하게 하사 거룩하게 하시고 자기 앞에 영광스러운 교회로 세우사 티나 주름 잡힌 것이나 이런 것들이 없이 거룩하고 흠이 없게 하려 하심이라 이와 같이 남편들도 자기 아내 사랑하기를 자기 자신과 같이 할지니 자기 아내를 사랑하는 자는 자기를 사랑하는 것이라 누구든지 언제나 자기 육체를 미워하지 않고 오직 양육하여 보호하기를 그리스도께서 교회에게 함과 같이 하나니 우리는 그 몸의 지체임이라 그러므로 사람이 부모를 떠나 그의 아내와 합하여 그 둘이 한 육체가 될지니 이 비밀이 크도다 나는 그리스도와 교회에 대하여 말하노라 엡 5:25-32

에베소서 5장 말씀은 결혼식 때, 혹은 가정의 달에 듣는 설교의 본문만이 아닙니다. 부부관계뿐 아니라 주님과 교회와의 관계를 말씀하고 있습니다. 그런데 사람들이 그 의미를 잘 알지 못하기 때문에 "이 비밀이 크도다"라고 하는 것입니다.

주일을 앞둔 어느 토요일 오후에 기도하러 마가다락방으로 내려갔습니다. 그 날은 참 마음이 곤고했습니다. 한국 교회의 어느 유명한 목사님의 스캔들이 보도되어 교회에 대한 여러 가지 비난이 기사화되었고, 어떤 분들은 한국 교회에 소망이 없다, 촛대가 옮겨졌다는 표현을 쓰며 교회에 대한 비판을 서슴없이 하였습니다. 그런 글들을 읽고 기도하러 자리에 앉으니 마음이 참담했습니다. 주님께 죄송했고 정말 어떻게 기도해야 할지 몰랐습니다.

그런데 그 날 제가 기도하는 자리에서 읽은 말씀이 에베소서 말씀이었습니다. 에베소서 5장의 이 본문을 읽는데 눈물이 쏟아졌습니다. 주님이 한국 교회를 향해 뭐라고 말씀하시는지 써 있었기 때문입니다. 주님은 한국 교회를 향해 "나는 너 때문에 창피해서 못 살겠다. 나는 너랑 갈라서고 싶다"고 하지 않으셨습니다. 말씀 그대로 "물로 씻어 말씀으로 깨끗하게 하사 거룩하게 하시고 자기 앞에 영광스러운 교회로 세우사 티나 주름 잡힌 것이나 이런 것들이 없이 거룩하고 흠이 없게"(엡 5:26-27) 하셨습니다.

모든 오물을 친히 다 뒤집어쓰시고 우리를 씻기셔서 거룩하게 하신 후에 정말 더럽다 징그럽다 하지 않으시고 '영광스러운 교회'라고 하시는 것입니다. 교회의 이름은 한 가지밖에 없습니다. '영광스러운 주님의 교회'입니다. 우리가 잘못해도 결코 버리지 않고 내 몸이라고 하시는 주님이 계시기 때문입니다. 부부가 한몸인 것과 똑같이 예수님이 교회의 머리가 되셔서 결코 갈라질 수 없는 한 몸임을 선언하신 것입니다.

저는 신학적인 지식도 부족하고 아는 것도 별로 없는 사람입니다. 그러나 그날 오물을 뒤집어쓰시고 우리를 씻기시는 예수님의 마음을 만났습니다. 그래서 당당하게 큰소리로 내가 주님의 신부이고 한국 교회가 주님의 신부임을 선포합니다.

이 땅에서의 결혼관계를 통해 주님과 우리의 관계를 더 깊이 알게 되고, 주님과 누리는 사랑의 관계를 통해 육신의 부부관계를 더 깊게 누리게 됩니다. 이 땅에 허락하신 두 천국인 가정과 교회가 서로 긴밀히 연결되어진 축복입니다. 예수님과의 관계가 깊어질수록 내 가정을 위한 기도가 교회를 위한 기도와 어떻게 연결되어 있는지 더욱 알게 되고, 더 깊고 풍성하게 누리게 됩니다. 주님은 우리가 이 비밀을 간직한 자로서 '예수님의 신부'로서 매일 살기를 원하십니다.

❹ 어리석은 처녀와 슬기로운 처녀의 비유

마태복음 25장에 보면 어리석은 처녀와 슬기로운 처녀의 비유가 나옵니다. 이 말씀을 읽을 때는 별로 은혜가 되지 않습니다. 신랑을 맞이하러 같이 기다렸는데 기름이 떨어졌다고 하면 서로 나눠주는 것이 인지상정이지 박절하게 안 된다고 할 일입니까? 기름을 사러 간 사이에 신랑이 와서 혼인잔치에 들어가지 못한 것이 아닙니까? 그러니 '어리석은 처녀와 슬기로운 처녀'가 아니라 '순진한 처녀와 매정한 처녀'로 제목을 달아야 하는 것이 아닌가 싶은 마음이 듭니다. 또한 신랑이 늦게 오는 것이 문제였습니다. 신랑이 제시간에 왔다면 이런 일이 없었을 텐데 왜 신랑이 늦게 와서 이런 문제를 만들었을까요?

기도를 하다보면 하나님의 뜻을 알고 싶어서, 하나님의 뜻대로 결정하고 싶어서 작정기도를 하게 됩니다. 그런데 대부분 작정기도 기간이 끝나도 명확하게 응답을 받는 경우는 거의 없습니다. 작정기도 기간이 지나고 나서도 어떻게 하라고 하시는지 전혀 모르겠다는 경우가 대부분입니다. 그래서 작정 기간이 짧아서 그런가보다 생각하고 '21일 다니엘 작정기도'를 했다가 '40일 예수님의 광야기도' 기간으로 작정을 했다가 100일 기도로 바꾸면서 기도의 시간을 늘려보기도 합니다.

그런데도 대부분 잘 모르겠다고 하소연을 하십니다. 이렇게 될 때 대부분 질문이 시작됩니다. '뭐가 잘못된 거지? 뭐가 문제지?'

이런 질문을 하면서 자기 자신을 돌아보게 됩니다. 문제 해결과 응답을 위한 기도에서 나 자신으로 초점이 옮겨가게 됩니다. 아이를 변화시켜달라고 기도하다가 내가 문제인 것을 깨닫고 회개하는 엄마들이 얼마나 많은지요. 남편이 회개하게 해달라고 기도하다가 오히려 아내가 주님께 회개하고 무릎을 꿇는 경우들은 또 얼마나 많은지요. 진짜 기도를 하면 그렇게 되어 있습니다.

그래서 주님은 우리에게 더디 응답하시는 것처럼, 온다고 하고 늦게 오는 신랑처럼 하실 때가 많습니다. 기도하며 기다리는 기간 동안 주님을 향한 사랑을 일으키시고 정결케 하시어 아름다운 신부로 단장시키시는 것입니다.

등잔의 기름은 바로 우리 주님과의 사랑을 말하는 것으로 주님과의 사랑의 관계를 통해서만 흘러나옵니다. 그러니 누구에게 나눠줄 수도 없고 나눠 받을 수도 없습니다. 유조차를 대놓고 한꺼번에 채우는 것이 아니라 매일의 기도, 매일의 말씀, 매일의 순종을 통해서 흘러들어오는 것입니다. 나무에 붙어 있는 가지가 나무로부터 생명의 진액을 공급받듯이 살아있는 주님과의 관계를 통해서만 공급받는 것입니다. 매일의 삶 속에서 기름을 점검하십시오. 간절함과 사모함으로 기다리십니까? 기름 준비 없이 정신없이 하루를 살면서도 주님을 기다린다고 생각하는 어리석은 자가 되지 않기를 원합니다.

하나님과 사랑의 관계 속에서 친밀감을 누리는 일, 자녀로서,

친구로서, 신부로서의 정체성을 회복하는 일이 중요한 것은 하나님과의 관계가 바로 서야 하나님의 시각에서 바라보게 되고, 그때 비로소 하나님이 원하시는 기도를 할 수 있게 되기 때문입니다.

이 관계가 자라가면 하나님의 마음이 품어지고, 하나님의 마음이 품어지면 기도가 달라집니다. 로렌스 형제도 어떤 사람과 친해지려면 그 사람에게 시간을 많이 내야 하고, 친해져야 사랑하게 된다고 했습니다. 그리고 사랑하면 더 깊은 친밀함으로 들어갑니다. 그렇지요. 그렇게 같이 보내는 시간이 많아지고 친해지고 사랑하게 되면서 그 사람의 마음을 알게 되는 것 아니겠습니까.

주님과 누리는 사랑과 행복을 전하는 기도자

기도자로서의 사명은 의외로 간단합니다. 내가 주님과의 사이에서 누리는 행복을 전하는 것입니다. 결혼한 젊은이들에게 "결혼하니까 좋냐?"고 질문해보십시오. 뭐라고 대답합니까? 결혼생활이 행복한 사람은 당신도 해보라고 말합니다. 그러나 결혼생활이 행복하지 않은 사람은 절대 결혼하지 말라고 합니다. 기도도 동일합니다. 내가 누리는 사랑의 기도가 있으면 흘러가게 됩니다.

성경에 보면 사도 바울이나 세례 요한이 다 독신으로 지냈는데도, 그들은 예수님의 신부가 되는 비밀을 아셨던 분들이었습니다. 사도 바울은 자신을 '중매쟁이'라고 표현했고, 세례 요한은 '신랑의 친구'라고 표현했습니다.

2장 하나님의 사랑을 누리는 기도

내가 하나님의 열심으로 너희를 위하여 열심을 내노니 내가 너희를 정결한 처녀로 한 남편인 그리스도께 드리려고 중매함이로다 고후 11:2

신부를 취하는 자는 신랑이나 서서 신랑의 음성을 듣는 친구가 크게 기뻐하나니 나는 이러한 기쁨으로 충만하였노라 요 3:29

그러므로 기도자란 불붙이는 사람입니다. 내게 있는 불을 다른 사람들에게 붙이는 것입니다. 기도를 통해 다른 이도 나의 불에 전염되게 하는 것입니다. 사랑은 자라게 되어 있고 기도도 자라게 되어 있습니다. 사람은 주님의 사랑 안에 거할 때만 성장합니다. 우리가 주 안에 거하며 주님의 사랑을 충분히 누릴 때 우리의 기도는 힘을 얻고 올바른 방향으로 나아갑니다.

중보기도자의 사명은 이 친밀함 속에서 교회로 하여금 하나님과의 친밀함을 회복하게 하는 것입니다. 그 힘이 있어야 하나님나라를 준비하여 열방을 위해 기도하며 끝까지 달려가게 됩니다. 기도하는 우리에게 주시는 가장 큰 보상은 우리 영혼을 사랑하시는 예수 그리스도와 함께 친밀한 교제를 나누는 것입니다.

하나님이여 주의 인자하심이 어찌 그리 보배로우신지요 사람들이 주의 날개 그늘 아래에 피하나이다 그들이 주의 집에 있는 살진 것으로 풍족할 것이라 주께서 주의 복락의 강물을 마시게 하시리이다 시 36:7-8

3장

하나님의 말씀이 이루어지는 기도 : 말씀기도

대천덕 신부님이 살아계실 때 한 기자가 "신부님은 강원도 하사미리라는 산속에 살면서 어떻게 한국 교회에 영향력을 끼치실 수 있었는지요?"라고 그 비결을 묻자 대천덕 신부님이 아주 간단히 말씀하셨습니다.

"매일 말씀을 묵상하고 기도하는 것입니다."

무슨 결정을 내릴 때 어떻게 주님의 음성을 듣습니까? 보통 우리는 작은 일들은 스스로 알아서 합니다. 그리고 큰 문제만 구하려고 합니다. 아닙니다. 큰 문제를 구하고 바로 응답받는 사람은 없습니다. 매일 말씀을 읽고 기도하면서 작은 일들을 결정해보는 경험이 쌓여야 큰 결정을 해야 할 때 주님의 뜻을 분별할 수 있습니다.

매일매일의 말씀과 기도는 주님과 동행하는 삶에 있어서 너무나 중요합니다. 말씀이 주님이시고, 기도의 주체가 주님이시기 때문입니다. 외국어 공부, 운동, 악기 연주도 하루아침에 실력자가 되는 경우는 없습니다. 지리한 연습과 반복이 쌓여 실력이 되는 것입니다. 감사하게도 우리에게는 그 매일이 어떤 목표를 이루기 위한 과정이 아니라 서툴고 부족해도 주님과 함께하는 행복한 여정입니다.

말씀을 붙잡고 기도하면 말씀이 이끄는 인생이 된다

우리가 주님을 붙잡는 것 같아도 주님이 우리를 붙잡고 계시기에 믿음의 길이 가능한 것처럼, 우리가 하나님의 말씀을 붙잡고 기도하면 그 말씀이 우리를 붙잡고 계십니다. 내가 말씀을 붙잡은 것 같았는데, 그 말씀이 나를 이끌어오신 것을 알 수 있습니다.

한번은 북한에 억류되어 계신 선교사님의 사모님 한 분을 찾아뵌 적이 있습니다. 만나보니 생각보다 밝고 평안하셔서 얼마나 감사했는지요. 사모님과 대화 중에 "저는 눈이 커서 그런가 겁이 많은 사람이에요. 그래서 빌립보서 4장 6-7절 말씀을 붙잡고 늘 기도했었지요. 그런데 막상 어려운 일을 겪고 보니, 그동안 내가 말씀을 붙잡은 줄 알았는데 말씀이 나를 붙잡았더군요"라고 고백하셨습니다.

1990년 사순절 기간을 앞두고 올해 사순절 기간에는 무슨 기도 제목으로 작정기도를 할까 생각을 하였습니다. 마음에 떠오른 기도 제목이 "주님과 동행하는 기쁨을 알게 하십시오"였습니다. 그 당시 저에게는 주님과 동행한다는 말이 너무 막연한 말이었습니다. 너무 추상적인 기도 제목을 정했다고 생각했기 때문에 기도하면서도 이 기도가 이루어진다는 확신이 없었습니다. 다만 내게서 나온 기도 제목이 아닌 것은 분명했기에 계속 기도를 했습니다. 그런데 지금 와서 보니, 막연하게 여겨졌던 기도 제목이 분명하게 저를 이끌었습니다. 남편과 '예수동행운동'을 함께하며 저는 주님과 동행하는 기쁨을 전하는 자가 되었습니다.

주님의 뜻대로 하는 기도가 인생을 이끌어갑니다. 하나님의 뜻대로 이끌림 받는 인생이 되기 위해서는 하나님의 말씀을 붙잡고 기도하는 것이 너무나 중요합니다. 여러분은 계속해서 붙잡고 있는 말씀이 있습니까? 여러분을 이끌고 있는 말씀은 무엇입니까? 여러분이 평생 붙잡고 기도하는 기도 제목은 무엇입니까?

말씀을 전하는 남편을 따라 여러 나라를 다녀보니 어느 나라보다 우리나라 사람들이 기도를 많이 하는 것 같아요. 그런데 기도는 정말 많이 하면서 하나님의 말씀에 대해서는 잘 모르는 이들이 의외로 많습니다. 말도 안 되는 일이지만 하나님의 말씀인 성경을 읽지도 않고, 말씀을 잘 모르면서 예언을 한다는 분들을 봅니다. 예언은 앞날을 맞추는 것이 아니라 하나님의 말씀을 그대로 전하는 것입니다. 그래서 하나님의 말씀인 성경으로 기도를 검증하고, 기도로 하나님의 말씀을 풍성하게 누리는 것입니다.

'나는 죽고 예수로 사는 십자가 복음'이 실제가 되면 처음에는 기도의 힘이 다 빠지는 것 같습니다. 내가 원하는 것을 구하는 것이 기도였는데, 내 소원과 원함이 없다면 이제부터는 무엇을 구해야 할까요? 내가 나를 위해서 구하던 것이 기도의 동력이었는데,

모든 것을 다 주님이 하신다면 기도는 어떻게 해야 합니까? 이런 질문이 생깁니다. 그러나 실제로는 기도할 동력이 끊어진 것이 아니라 비로소 진짜 기도를 하게 되는 것입니다.

우리는 기도로 변화를 이루려고 합니다. 그러나 변화를 이루시는 분은 주님이시고, 주님은 주의 말씀대로 이루십니다. 우리가 주님과 동행하고 주님 안에 거하면 변화는 주님이 맺어주시는 열매라는 것을 알게 됩니다.

1. 말씀기도는 무엇입니까?

❶ 말씀기도는 그리스도인들이 하나님의 뜻이 이루어질 것을 믿으며 하나님과의 살아있는 관계 속에서 말씀(성경)을 가지고 기도하는 것입니다.

어제나 오늘이나 영원토록 동일하신 주님께서 성경이 쓰여졌을 때와 동일한 감동으로 성경을 읽는 우리에게 오늘 이 자리에서 말씀하시는 것을 듣는 것입니다. 그리고 들은 말씀에 응답하여 우리도 주님께 말씀을 드리는 것입니다.

하나님의 약속은 얼마든지 그리스도 안에서 예가 되니 그런즉 그로 말미암아 우리가 아멘 하여 하나님께 영광을 돌리게 되느니라 고후 1:20

고린도후서 1장 20절 말씀에 비춰본다면, 우리가 하나님의 말씀으로 기도하는 것은 이미 이루어진 하나님의 약속에 대해서 "아멘" 하는 것일 뿐입니다. 말씀으로 주님을 만나면 주님을 더욱 알게 되고, 주님을 더욱 알게 되면 더 깊은 말씀기도로 나아가게 됩니다.

❷ 말씀기도는 단순히 기도의 한 가지 방법이 아니라 십자가에서 주님과 연합된 성도들이 사는 방식이며 목적입니다.

구원받은 자는 기도하지 않고는 살 수 없는 존재로 생명이 바뀌었고, 기도의 주체가 내가 아니라 주님이시기 때문입니다. 영원히 변하지 않는 하나님의 말씀으로 기도하게 되니 '흔들리는 나'에서 '흔들리지 않는 하나님'으로 기도의 초점이 옮겨지는 기도입니다.

❸ 말씀기도는 말씀이신 우리 주님을 만나는 시간이고 주님을 만나는 자리입니다.

말씀은 하나님을 만나는 도구이거나 방법이기보다 말씀이 곧 삼위일체 하나님이시기 때문입니다. 요한복음 1장에 예수님은 말씀이시라고 나옵니다. 예수님의 본체가 말씀이신 거예요.

태초에 말씀이 계시니라 이 말씀이 하나님과 함께 계셨으니 이 말씀은 곧 하나님이시니라 그가 태초에 하나님과 함께 계셨고 요 1:1-2

말씀이 육신이 되어 우리 가운데 거하시매 우리가 그의 영광을 보니 아버지의 독생자의 영광이요 은혜와 진리가 충만하더라 요 1:14

그러므로 우리 가운데 지금도 살아계신 하나님을 만나는 시간입니다.

❹ 말씀기도는 성경적인 기도가 무엇인지 가장 잘 드러내는 기도입니다.

하나님의 말씀은 살아 있고 활력이 있어 좌우에 날선 어떤 검보다도 예리하여 혼과 영과 및 관절과 골수를 찔러 쪼개기까지 하며 또 마음의 생각과 뜻을 판단하나니 히 4:12

살아있고 활력 있는 하나님의 말씀으로 기도하는 것은 우리의 영혼을 강건하게 합니다. 우리 자신의 생각과 주님의 생각이 말씀을 통해 분명하게 갈라지게 되니, 말씀기도는 우리의 믿음을 살아 있는 믿음으로 만들어주고, 분명한 목적지를 향해 나아가게 해줍니다. 우리는 어제나 오늘이나 영원토록 동일하게(히 13:8) 역사하시는 주님이 지금도 성경이 기록될 때와 동일한 감동으로 말씀을 주실 것이며, 성령님께서 우리의 기도를 친히 이끄실 것을(롬 8:26-27) 신뢰하고 나아가는 것입니다.

2. 왜 말씀기도를 해야 합니까?

❶ 하나님의 모든 말씀은 반드시 성취되어야 하는 주님의 뜻입니다.

하나님께서는 말씀으로 그분의 뜻을 알려주십니다. 말씀기도는 말씀에 계시된 하나님의 뜻으로 기도하는 것으로, 하나님의 뜻을 따라 구한 기도는 반드시 응답하신다고 주께서 말씀하셨습니다(요일 5:14-15).

❷ 하나님은 우리의 기도를 통해 말씀대로 하나님나라를 이루어가십니다.

하나님은 전능하신 분이지만, 우리의 기도 없이는 일하시지 않겠다고, 당신의 전능을 우리의 순종에 제한하셨습니다. 그러므로 하나님의 뜻대로 하는 기도에 나를 헌신하여 나아가면, 하나님은 그 기도를 통해 말씀대로 하나님나라를 이루어가십니다.

❸ 하나님의 창조 사역은 말씀을 통해 이루어집니다.

말씀으로 천지를 창조하신 하나님께서 에스겔에게 마른 **뼈**를 향해 하나님의 명령을 대언하라고 하셨고, 에스겔이 하나님의 명령대로 대언하자 마른 **뼈**들이 살아나 하나님의 군대가 되었습니다(겔 37장). 하나님은 우리에게도 하나님의 말씀을 기도로 선포하도록 초청하셨습니다. 따라서 우리가 예수님과 연합하여 하나님의 말씀을 기도로 선포할 때 그 기도는 창조의 능력이 되고 생명이 됩니다.

❹ 성경에는 하나님의 관심과 마음이 드러나 있습니다.

말씀으로 기도할 때 우리는 역사를 통치하시는 하나님의 경륜과 마음을 알게 됩니다. 또한 어디에 우선순위를 두어야 할지를 깨닫게 되어 우리의 삶에 적용할 수 있게 됩니다.

❺ 말씀으로 기도하면 우리의 믿음이 견고해집니다(롬 10:17). 믿음의 기도는 하나님을 기쁘시게 합니다(히 11:6).

우리는 세상의 여러 책들을 통해서 지식과 식견을 넓힐 수 있습니다. 하지만 '믿음'은 오직 '말씀'을 통해서만 얻을 수 있습니다. 우리가 말씀으로 기도할 때 믿음은 우리의 마음속에서 점점 커집니다.

연인들이 서로 오랫동안 만나지 못하면 사랑을 의심하는 일들이 생깁니다. 만나서 확인할 길이 없기 때문입니다. 그런데 만나서 이야기하다보면 서로에 대한 신뢰가 견고해집니다. 마찬가지로 주님을 말씀으로 계속 만나게 되면 믿음이 견고해집니다. 설교처럼 해석된 말씀도 내게 유익하지만, 성경을 통해 내게 직접 말씀하시는 말씀을 매일, 매 순간 들으면 믿음이 생기기 때문입니다. 하나님은 우리에게 말씀을 믿는 믿음과 말씀의 약속을 붙잡고 기도드리는 순종을 요구하십니다. 말씀기도의 자리에서 이 역사가 일어납니다.

사랑하는 가족들을 위해 기도하며 더욱 좌절을 경험하는 이들이 많습니다. 어떤 기도보다 마음을 쏟아 기도하지만, 매일 변하지 않는 얼굴을 대하다보면 낙심이 옵니다. 게임하느라 방에 들어가 방문을 잠그는 아들을 곁에서 매일 봅니다. 술에 취해 비틀거리며 들어오는 남편을 매일 대합니다. 변화가 하나도 없어 보이는데 어디에서 기도할 힘을 얻을까요?

저도 기도의 좌절을 겪을 때가 있습니다. 눈에 보이는 상황이 달라지지 않을 때, 그 기도가 2년도 되고 3년도 갈 때 낙심이 옵니다. 조금이라도 변화의 기미가 보이면 기쁘고, 상황이 더 나빠지는 것처럼 보이면 좌절하게 되지요. 그런데 말씀을 붙잡고 기도하다보면, 나의 상황과 감정에 상관없이 내가 붙잡고 기도하는

　　　　　　　　　　　3장 하나님의 말씀이 이루어지는 기도

말씀의 구절들이 내 심령에 박히게 되고, 하나님의 사랑을 의심 없이 믿게 만들어줍니다. 그래서 흔들리던 기도가 견고해졌습니다. 널뛰기하듯 상황과 여건에 따라 움직이던 기도가 견고해졌고, 하나님의 사랑을 의심 없이 믿게 되었습니다.

❻ 말씀을 통해 우리는 하나님을 알 수 있습니다.

우리가 오래 사귄 사람을 더 잘 알게 되듯이 하나님의 성품, 그분의 힘과 능력, 특성을 알 수 있습니다. 우리가 말씀을 통해 하나님을 더욱 잘 알아갈 때 우리는 좀 더 큰 믿음으로 기도할 수 있습니다. 믿음의 기도는 역사하는 힘이 큽니다.

❼ 말씀을 붙잡고 기도하면 쉬지 않는 기도가 가능하게 됩니다.

내 간절한 소원을 얼마나 더 아뢰면 적당할까요? 하나님이 모르시는 것도 아닌데 자꾸 말씀드리는 것도 답답하고, 그렇다고 한 번 기도하고 마치기에는 미진하고, 그런 느낌일 때가 많지 않나요? 하나님의 말씀을 읽고 그 말씀을 붙잡고 기도하다보면, 한 구절에서 나오는 기도가 셀 수 없이 이어질 것입니다. 내 문제가 아닌 기도들을 내 입으로 고하면서 내 문제는 이미 그 안에서 해결되었음을 깨닫게 될 것입니다.

3. 성경 속에서의 말씀기도

하나님은 말씀을 이루시는 하나님이십니다. 말씀으로 세상을 창조하시고, 창세 전에 예정된 뜻(엡 1:5)을 당신의 종들을 통하여 말씀으로 드러내시고(히 1:1-2) 그것을 이루기로 작정하신 분이십니다.

내 입에서 나가는 말도 이와 같이 헛되이 내게로 되돌아오지 아니하고 나의 기뻐하는 뜻을 이루며 내가 보낸 일에 형통함이니라 사 55:11

이는 내가 내 말을 지켜 그대로 이루려 함이라 하시니라 렘 1:12

기록된 언약의 말씀을 이루리라 대하 34:31

성경의 인물들은 말씀을 인용하여 기도했습니다. 예수님도 그러하셨습니다. 예수님께서 광야에서 40일 동안 금식하실 때 마귀가 찾아와 돌들로 떡을 만들어보라고, 하나님의 아들이거든 성전 꼭대기에서 뛰어내리라고 시험합니다. 그때 예수님은 성경을 인용하여 말씀하십니다.

사람이 떡으로만 사는 것이 아니요 여호와의 입에서 나오는 모든 말씀

으로 사는 줄을 네가 알게 하려 하심이니라 신 8:3

너희의 하나님 여호와를 시험하지 말고 신 6:16

그러자 마귀가 예수님을 떠나고 천사들이 나아와서 수종듭니다(마 4:11). 사탄을 이기는 방법이 바로 하나님의 말씀입니다.

4. 믿음의 증인들의 말씀기도

말씀으로 기도하는 일은 믿음의 증인들의 기도의 삶에서도 그대로 볼 수 있을 뿐 아니라 그들이 증거하는 메시지에서도 강조되어왔습니다.

❶ 잔느 귀용

"나는 당신이 그리스도를 알고자 애쓰는 초신자라고 생각하고 이야기하려 한다. 그래서 주님께로 나아가는 두 가지 방법을 제안하고자 한다. 첫째는 성경 말씀으로 기도하는 것이며, 둘째는 하나님을 바라보는 것 또는 하나님의 임재를 기다리는 것이다. 성경 말씀으로 기도하는 것이야말로 성경을 대하는 유일한 방법이다. 왜냐하면 성경 말씀 속에는 읽기와 기도가 모두 들어 있기 때문이다. '말씀을 의지하라' 주님 앞에서 당신이 펼쳐놓은 그 말씀을 읽으라. 당신에게 감명을 준 그 말씀을 붙들면 기도하고 싶은 생각이 들 것이다."[4]

잔느 귀용 부인에 의하면, 주님을 바라보는 것, 말씀기도는 높은 경지의 그리스도인의 삶이 아니라 처음 예수를 믿을 때부터 가능한 일이며 반드시 있어야 할 요소들입니다.

❷ 조나단 에드워즈

조나단 에드워즈는 《성경-종말에 관한 약속과 예언들-에 준하여 기독교의 부흥과 지상에 그리스도 왕국의 확장을 구하는 비상(非常)한 기도 속에서, 하나님의 백성들 가운데 분명한 일치와 가시적 연합을 증진시키기 위한 하나의 겸손한 시도》라는 긴 제목의 책(한국에서는 《기도합주회》(부흥과 개혁사)라는 제목으로 출간되었다)에서 "기도로 말씀의 성취를 보리라"는 점을 분명하게 말했습니다(슥 8:20-22).

"하나님의 모든 언약이 그리스도인들의 겸손하고도 특별한 시도(기도)에 의해 온전히 성취되어진다. 그리스도인이 아직도 기도해야 할 근거가 있다면 그것은 아직 주님의 약속하신 예언이 모두 성취되지 않았기 때문이며, 그리스도인이 그 날이 오기까지 쉬지 않고 기도해야 할 근거가 있다면 마침내 주님께서 약속하신 모든 예언이 성취되어 교회의 위대한 영광의 날이 임할 것을 약속하셨기 때문이다."[5]

주님의 약속의 말씀이 성취될 때까지 쉬지 않는 기도가 이어져야 하며, 이 기도를 근거로 마침내 교회는 말씀이 성취되는 하나님의 영광을 볼 것입니다.

5. 말씀기도를 하기 전에 꼭 기억해야 할 일들

❶ 십자가 복음을 생명으로 붙잡는 태도입니다.

십자가 복음은 주어진 본문을 해석하는 안경이 됩니다. 십자가 복음이 자신에게 생명이 된 사람과 그렇지 않은 사람에게는 말씀 자체의 의미가 달라지기 때문입니다.

이단들도 성경을 많이 인용합니다. 그러나 그들이 성경을 사용하는 것은 그 말씀에 굴복하여 순종하기 위해서 읽고 인용하는 것이 아니라 자신들의 교리를 전하기 위한 도구로 쓰는 것입니다. 성경을 대하는 태도에서부터 우리와 다른 것을 알 수 있습니다. 본문에 대한 바른 태도와 해석은 기도의 방향을 분명하게 잡아줌니다.

❷ 말씀을 경외하는 태도입니다.

경외함으로 주님(말씀)을 대하는 것입니다. 반드시 이 시간에 말씀을 주실 것을 믿으며 어떤 말씀을 하시든지 순종하겠다는 결단을 해야 합니다. 그런 사모함과 경외함이 있으면 사람의 지식과 경험과 감정의 한계를 뛰어넘어서 깨닫도록 반드시 주님이 이끄십니다.

성경의 주인공은 책마다 다릅니다. 출애굽기의 주인공은 모세이고, 예레미야서의 주인공은 예레미야입니다. 아닙니다. 출애굽기도, 예레미야서도, 욥기도 주인공은 하나님 한 분이십니다. 말씀이 하나님이시라는 것이 분명하면 말씀을 주님으로 대하게 됩니다.

❸ 말씀 자체의 내용과 의미를 본문에 충실하게 선입관 없이 파악하는 것입니다.

말씀이 주시는 의미를 찾기 전에 우선 앞뒤 문맥을 잘 살펴 본문 자체의 내용을 이해하는 것이 중요합니다. 본문을 충분히 이해한 후에 그 본문을 통해 주시는 말씀과 기도 제목을 찾습니다.

예를 들면 욥기 8장 7절의 "네 시작은 미약하지만 끝은 창대하리라"는 구절은 우리가 익히 들어서 아는 말씀입니다. 개업 예배 때 선물로 주는 액자에 들어 있는 성구이기도 하지요. 이 구절 그대로 시작은 미약하지만 끝은 창대해지는 것을 위해 기도할 수도 있고, 그렇게 기도한다고 틀린 것은 아닙니다.

그러나 본문의 배경을 보면, 이 말은 빌닷이 욥을 향해 한 말입니다. "네가 죄가 있어서 어려움을 당하는 것이지, 죄가 없는데 이런 일이 있겠어? 네가 청결하고 정직하면 하나님이 너를 평안하게 하실 거야"라고 말한 뒤에 나오는 구절입니다(욥 8:4-6).

그러니 앞으로의 번영을 축복하는 말이라기보다는 정죄하고 판단하는 말에 포함됩니다. 그래서 이 구절로 기도할 때는 지금 상황이 어려워도 앞으로 창대하게 될 것을 믿음으로 선포하는 기도를 하기 전에 먼저 있어야 할 기도가 있습니다. 어떤 사람을 향해 판단하고 정죄하는 일에 대한 회개입니다.

말씀기도를 하다보면 본문의 내용을 엉뚱하게 이해하고 적용하여 기도 제목을 내놓는 이들을 보게 됩니다. 그렇더라도 기도가 틀린 것은 아닙니다. 다소 엉뚱한 해석을 하더라도 말씀을 붙잡고 기도하다보면 성령께서 친히 가르쳐주시고, 성경적인 기도로 이끌어주십니다.

❹ 깨달은 말씀을 취사선택하지 않고 가감 없이 있는 그대로 수용하고 순종하는 일입니다.

한번은 어느 선교 단체의 간사님이 이런 고백을 하셨습니다.

"저는 연초에 올 한 해 주님이 주시는 말씀으로 베드로전서 3장 9절 말씀을 받았습니다. 이 말씀은 '악을 악으로, 욕을 욕으로 갚지 말고 도리어 복을 빌라 이를 위하여 너희가 부르심을 받았으니 이는 복을 이어받게 하려 하심이라'라는 말씀입니다. 이 말씀을 붙잡고 기도하다가 4월쯤 되어서 하나님께 이렇게 항변의 기도를 드렸습니다. '하나님, 왜 악한 일이 내게 일어나지 않습니까? 악한 일이 일어나야 악을 악으로 갚지 않을 것 아닙니까?' 제 인생의 근거는 오직 하나님의 말씀입니다. 하나님의 말씀이 내 인생에서 가감 없이 그대로 성취되는 것을 보고 싶습니다."

저는 그 분의 고백을 듣고 큰 충격을 받았습니다. 솔직히 말씀을 읽어도 저는 '악한 일은 제게 안 일어나게 해주세요. 어려운 일은 지나가게 해주세요' 이런 기도를 드릴 때가 많았기 때문입니다. 하나님의 절대 주권을 인정하고 말씀이 이루어지는 삶을 위해 하나님의 모든 말씀에 100퍼센트 순종하는 선교사님의 태도가 참 귀하게 여겨졌습니다.

여러분은 말씀을 주님으로 대하십니까? 주님의 말씀이기에 성경 말씀을 가감 없이 있는 그대로 수용하십니까?

3장 하나님의 말씀이 이루어지는 기도

❺ 스스로가 성경 안으로 들어가서 주어진 본문이 자기 스토리가 되게 하는 것입니다.

말씀기도를 하다보면 난제와 같은 본문을 만날 때가 있습니다. 무슨 말인지 내용 파악도 제대로 되지 않는데, 그 말씀으로 기도하려면 정말 난감합니다. 구약의 예언서나 요한계시록의 환상들과 같은 말씀은 참 어렵습니다. 그럴 때 한 가지 전제를 꼭 붙잡으시기 바랍니다. 어려운 본문일수록 은혜가 더욱 크다고 말입니다. 어린아이 같으면 어린아이처럼, 어른이면 어른의 안목으로 말씀해주시는 주님을 만날 것입니다.

시편으로 말씀기도를 할 때의 일입니다. 시편의 내용은 이해하기 어렵지 않습니다. 그러나 매일 비슷한 내용의 시편이 반복되면 이 말씀으로 어떤 기도를 해야 할지 난감하기도 합니다. 한번은 남편에게 시편 말씀기도가 너무 어렵다고 하소연을 했습니다. 그때 남편이 제게 이렇게 권면해주었습니다.

"매주 시편 강해를 하면서 나도 어려웠어. 그런데 말씀 안으로 들어가보면 말씀이 보이더라. 당신도 말씀 안으로 들어가봐요."

시편 51편은 다윗이 밧세바와 간음한 후에 회개한 시편이잖아요. 나는 간음한 일이 없으니까 이 시편을 다윗의 회개라고 여기면 풀리지가 않아요. 나도 다윗처럼 간음한 사람이라는 고백으로 읽어야 기도할 제목이 나오게 됩니다. 내가 하나님보다 세상을 사랑하고, 내 삶의 우선순위가 예수님이 아닌데 어찌 간음한 사람이 아니겠습니까.

고난당하는 이들이 한결같이 고백합니다. 욥의 고백이 나의 고백이라고요. 욥기와 멀리 떨어져 있을 때 욥기는 욥의 고난이었습니다. 하지만 내가 욥기 안으로 들어가면 욥의 고난은 나의 고난입니다. 욥의 친구들의 언행이 얼마나 비수 같은지, 과거에 나도 그런 자리에 서지 않았었는지 돌아보며 회개하게 됩니다. 성경의 인물들의 고백은 하나같이 나의 회개이고 나의 고백입니다.

레위기 14장으로 말씀기도를 했던 날의 일입니다. 레위기 13장에는 나병의 규정이 59절까지 나와 있습니다. 레위기 14장은 나병 환자가 나병에서 정결하게 되었다고 인정하는 규례가 57절까지 길게 이어집니다(한센병이라 하지 않고 성경 번역대로 '나병'이라고 표현하는 점을 이해해주시기 바랍니다).

아침에 말씀을 대하니 한숨부터 나옵니다. '어제도 나병이더니, 오늘도 또 나병이네. 어제 나병에 대한 규정을 했으니 오늘 정결하게 되는 규례는 건너뛸까?' 하는 생각이 드는 거예요. 그런데 말씀을 읽고 또 읽으면서 제 마음이 2절 말씀에 확 붙잡혔습니다.

나병 환자가 정결하게 되는 날의 규례는 이러하니 곧 그 사람을 제사장에게로 데려갈 것이요 레 14:2

제가 나병 환자라 여기고 말씀을 읽으니 이 구절이 얼마나 가

3장 하나님의 말씀이 이루어지는 기도

숨이 떨리는 구절인지요. 나병 환자는 나병이라는 판정을 받고 성 밖으로 나가 있어야 했겠지요. 그 기간이 얼마나 되었는지는 모르지만, 가족과 떨어져서 고립되어 지내는 기간이 단 하루라고 해도 얼마나 길게 여겨졌겠어요. 그렇다고 나병이 감기처럼 며칠 지나면 좋아질 병이 아니잖아요. 긴 세월 동안 완전히 격리되어 죄책감과 외로움에 떨었던 밤이 얼마나 길었을까요.

그런데 이제 바로 오늘, 제사장에게 가는 거예요. 제사장이 다 나았다고 판정해주면 나는 다시 성 안으로 들어와 가족들과 함께 지낼 수 있어요. 얼마나 떨리고 얼마나 간절하게 마음을 졸이는 아침이었을까요? 이렇게 시작하다보니 그다음 구절들이 다 연결이 된 놀라운 말씀인 거예요. '웬 규례가 이리 길어' 하던 마음에서 한 구절 한 구절이 다 복귀로 나아가는 놀라운 떨림이었습니다.

나병 환자가 속했던 공동체는 어떨까요? 그 나병 환자가 돌아오는 것이 기쁘고 감사한 이들도 있겠지만, '과연 다 나아서 오는 걸까?' 하고 꺼림직한 마음인 사람들도 있을 것 아니겠어요? 그런데 정결하게 되는 규례가 까다로우면 까다로울수록 나병에 걸렸던 이도 돌아올 때 떳떳하고, 받아들이는 공동체도 꺼림직한 마음을 덜어낼 수 있을 것 아니겠어요. 그러고 보니 57절이나 되는 긴 구절이 다 사랑의 규례였어요. '하나님이 이런 나를 받으셨구나. 성 안으로 들어올 수 없던 내가 하나님의 은혜와 전적인 사랑으로 용납되었구나.' 그날 아침 많이 울면서 말씀기도를 했던 기억이 납니다.

이렇게 말씀을 읽고 붙잡은 말씀으로 기도하고 선포하면, 그것이 내게도 생명이 되고, 이 땅에서도 하나님의 뜻을 이루는 생명이 됩니다. 마침 이 글을 쓰던 날이 광복절이라 저는 글을 쓰면서 이 레위기 14장으로 나라를 위해 기도하였습니다.

나병에서 정결함을 받을 자에게 일곱 번 뿌려 정하다 하고 그 살아 있는 새는 들에 놓을지며 레 14:7

정결하게 여김을 받은 그 날 새도 놓임을 받았습니다. 하나님의 전적인 은혜로 우리나라가 해방을 맞았습니다. 이 나라가 죄악을 청산하고 정결함으로 하나님의 은혜 안에 머물기를 간절히 기도하였습니다.

❻ 하나님의 사랑에 대한 신뢰와 하나님의 마음을 아는 것입니다.

하나님의 마음을 아는 만큼 말씀이 보입니다. 하나님의 사랑을 신뢰하고 나도 하나님을 사랑하면 글자 뒤에 감춰져 있는 하나님의 마음을 읽게 됩니다. 연구하려고 하지 말고 말씀하시는 주님을 기대하십시오.

엄마가 형에게 "놀이터에 가서 동생을 데려와라. 빨리 안 오면

혼난다고 해"라고 말했다고 합시다. 철든 형은 가서 동생에게 이렇게 말할 것입니다. "야, 빨리 집에 가자. 엄마가 같이 저녁 먹자고 기다리고 계셔." 그런데 아직 철이 없어 오히려 동생이 혼이 났으면 좋겠다고 하는 형이라면 이렇게 말할 것입니다. "야, 넌 죽었어. 엄마가 들어오기만 해봐, 죽인다고 했어" 이렇게 전달할 수도 있는 것입니다.

우리가 하나님 아버지의 마음을 알게 되면, 구약의 예언서를 통해 구구절절 심판하시겠다고 하신 말씀이 심판하고 싶지 않다는 아버지의 절규로 읽히게 됩니다. 에스겔서 21장을 보면 심판의 칼에 대해서 자세히 나옵니다. 칼을 뽑아서 끊을 것이라고 말씀하십니다. 그냥 심판하시면 되지 "칼이다", "칼이 뽑혔다", "학살하기 위해", "집어삼키게 하기 위해서", "광이 나고 번개처럼 번쩍인다"라고 굳이 말씀하시는 이유가 뭘까요? 그 칼을 휘두르고 싶지 않다는 것이 하나님의 본심입니다.

왜 엄마들이 자녀를 야단칠 때 바로 안 때리고 손을 높이 들고 때리는 시늉을 할까요? '때리고 싶지 않다, 때리기 전에 잘못을 깨달으라'는 엄마의 마음인 것입니다. 말씀을 깨닫는 것은 지각과 이해력도 필요하지만 하나님의 마음을 아는 철든 믿음이 되어야 합니다. 말씀을 계속 읽다보면 하나님의 마음이 보입니다. 저는 말씀기도를 계속해오면서 점차 하나님의 마음을 알게 되었고, 기도할 때마다 그것이 저를 담대하게 붙잡아주었습니다.

❼ 같은 말씀이라도 늘 새로운 말씀이라는 것입니다.

같은 본문이라도 기도할 때마다 늘 다른 기도로 이끌어주시는 것을 경험합니다. 상황이 다르고 기도회에 참석하는 사람들이 다릅니다. 처음 예수를 믿었든지 신앙의 연조가 오래되었든지 상관없습니다.

우리가 주목하는 것은 기도자의 기도 수준이 아닙니다. 그 자리에 모인 이들을 통해 성령님께서 어떻게 역사하시는지, 어떻게 기도를 이끌어가시는지를 주목하여 깨닫는 것입니다. 지금 이 자리(here & now)에서 주시는 말씀은 항상 새롭기 때문입니다. 그래서 그 날 그 시간에 주시는 말씀을 기대합니다.

6. 말씀기도를 실제로 할 때

말씀기도에는 말씀 읽기, 묵상, 나눔, 기도의 과정이 포함됩니다. 말씀기도를 함께하다보면 말씀을 읽을 때 주시는 은혜가 있고, 묵상할 때 주시는 은혜가 다르고, 나눌 때 다른 사람들의 나눔을 통해 깨닫게 되는 은혜가 다릅니다. 또한 입으로 선포하고 그 말씀이 성취되도록 올려드릴 때 주시는 은혜가 있습니다. 그러므로 말씀기도의 전 과정이 주님의 마음을 구하고, 깨달은 주님의 마음을 품고, 그 주님의 마음을 선포하는 것입니다.

말씀기도는 공동체와 함께하는 것을 지향합니다. 어떤 사람이라도 한 사람이 하나님께서 주시는 말씀을 온전히 다 알 수는 없습니다. 자신의 생각과 감정, 지식에 영향을 받기 때문에 온전한 말씀이 굴절되기도 하고 말씀하신 것의 일부만 깨달아 알기도 합니다. 그래서 각각의 색깔이 모여 영롱한 무지개 빛깔이 되듯이, 서로의 나눔과 기도가 모아져서 하나님의 온전한 뜻을 알 수 있게 됩니다.

그러나 혼자서도 말씀기도를 할 수 있습니다. 또한 혼자서 하는 시간이 매우 중요하기도 합니다. 혼자서 말씀기도를 하는 시간에 우리의 영이 자라기 때문입니다. 기쁨과 즐거움은 말씀을 먹을 때 옵니다(렘 15:16).

❶ 말씀을 이해하고 해석하기 전에 먼저 말씀을 먹어야 합니다.

저는 어려서부터 "기도는 호흡이고 말씀은 양식이다"라는 말을 수없이 들어왔습니다. 하지만 그냥 '말씀을 많이 읽으면 독서가 마음의 양식이라고들 하듯이 그런 건가보다'라고 생각했습니다. 성경에 '말씀을 먹는다'는 표현이 나오는데 어떻게 말씀을 먹는다는 것인지 알지 못했습니다.

너 인자야 내가 네게 이르는 말을 듣고 그 패역한 족속같이 패역하지 말고 네 입을 벌리고 내가 네게 주는 것을 먹으라 하시기로 내가 보니 보라 한 손이 나를 향하여 펴지고 보라 그 안에 두루마리 책이 있더라 겔 2:8-9

내게 이르시되 인자야 내가 네게 주는 이 두루마리를 네 배에 넣으며 네 창자에 채우라 하시기에 내가 먹으니 그것이 내 입에서 달기가 꿀 같더라 겔 3:3

만군의 하나님 여호와시여 나는 주의 이름으로 일컬음을 받는 자라 내가 주의 말씀을 얻어 먹었사오니 주의 말씀은 내게 기쁨과 내 마음의 즐거움이오나 렘 15:16

말씀을 먹는 것은 성경 말씀을 소리 내어 읽는 것입니다. 성경의 표현대로 말씀을 읊조리는 것, 중얼중얼 읽는 것입니다. 마치 육신의 귀를 통해 소리를 듣는 것과 마찬가지로 내 영이 소리 내어 읽는 말씀을 듣고 자라게 됩니다. 이것을 먹는다고 했습니다.

요한 크리소스톰(349-407, 초기 기독교의 교부)은 "집에 돌아가서 상을 두 개 마련하십시오. 하나는 음식상이고, 다른 하나는 말씀의 식탁입니다. 남편은 교회에서 들은 말씀을 다시 읽으십시오"라고 말했습니다.

① 쉐마 : 들으라

말씀을 항상 가까이 두고 말씀으로부터 주님의 음성을 듣습니다.

이스라엘에서 공부하신 목사님으로부터 들은 이야기입니다. 그 목사님은 구약 예레미야서를 전공하였는데, 수업을 하다보면 이스라엘 학생들을 따라가기가 어려웠다고 합니다. 일단 외국어로 공부를 하는 목사님과 히브리어가 모국어인 학생들과의 차이도 있지만, 그들이 얼마나 성경 말씀을 많이 아는지, 말씀을 거의 다 외우고 있어서 성경책을 찾아 읽어야 하는 자신과 너무 차이가 났다고 하시더라고요.

이스라엘 사람이 다 하나님을 경외하는 것은 아니라고 해도, 성경 말씀을 가까이 두는 습관이 그들의 힘이라는 생각을 해봅니다. 자녀들에게 성경을 읽으라고 잔소리하기 전에 아주 어릴 때부터 냉장고에, 책상 앞에 말씀을 붙여놓는 것이 중요합니다. 나이를 먹고 성경 말씀의 중요성을 더 알게 되었지만 기억력이 쇠퇴하여 암송에 한계를 느낍니다. 극복하는 길은 냉장고 앞에, 책상에, 식탁에 붙여놓고 수시로 읽고 외우는 것이지요.

오늘 내가 네게 명하는 이 말씀을 너는 마음에 새기고 네 자녀에게 부지런히 가르치며 집에 앉았을 때에든지 길을 갈 때에든지 누워 있을 때에든지 일어날 때에든지 이 말씀을 강론할 것이며 너는 또 그것을 네 손목에 매어 기호를 삼으며 네 미간에 붙여 표로 삼고 또 네 집 문설주와 바깥 문에 기록할지니라 신 6:6-9

② 묵상 : 읊조리는 것

'묵상'이라고 번역되었지만 원어의 뜻은 "읊조리다"(murmuring)입니다. 흔히 우리가 생각하는 묵상(meditation)을 하기 전에, 먼저 말씀을 읊조리는 것이 필요합니다.

이 율법책을 네 입에서 떠나지 말게 하며 주야로 그것을 묵상하여 그 안에 기록된 대로 다 지켜 행하라 그리하면 네 길이 평탄하게 될 것이며 네가 형통하리라 수 1:8

"주의 말씀은 내 발에 등이요 내 길에 빛이니이다"(시 119:105)라고 하셨는데, 말씀을 읊조리는 가운데 주의 말씀이 어두운 내 마음(영)을 환하게 밝히고 깨끗하게 하고 회복시키고 정결케 합니다. 말씀을 계속 읊조리는 사람에게 주님의 말씀이 역사하기 시작합니다.

하나님의 말씀은 살아있고 활력이 있어 좌우에 날선 어떤 검보다도 예리하여 혼과 영과 및 관절과 골수를 찔러 쪼개기까지 하며 또 마음의 생각과 뜻을 판단하나니 히 4:12

내가 주의 법도들을 작은 소리로 읊조리며 주의 길들에 주의하며

시 119:15

내가 주의 법을 어찌 그리 사랑하는지요 내가 그것을 종일 작은 소리로 읊조리나이다 주의 계명들이 항상 나와 함께 하므로 그것들이 나를 원수보다 지혜롭게 하나이다 내가 주의 증거들을 늘 읊조리므로 나의 명철함이 나의 모든 스승보다 나으며 시 119:97~99

주의 말씀을 조용히 읊조리려고 내가 새벽녘에 눈을 떴나이다 시 119:148

　혼자서 읊조릴 뿐 아니라 가족들과 함께 말씀을 눈으로 읽고, 소리 내어 읽고, 함께 기도합니다. 어린 자녀들도 말씀을 읽는 것이 즐겁도록 합니다. 소리 내어 말씀을 읽는 것만으로도 훌륭한 기도가 됩니다. 하나님의 말씀을 내 입으로 선포하니 하나님께서 친히 그 말씀을 이루실 것이기 때문입니다. 깊은 영의 기도로 들어가려면 우리의 생각이 먼저 씻김을 받아야 하는데, 소리 내어 읽는 말씀이 우리의 생각을 씻어줍니다.

　출애굽 한 이스라엘 백성들이 날마다 만나로 하루의 양식을 삼았듯이 소리 내어 읽는 말씀은 그대로 기도가 되어 우리 영혼의 만나가 되어줍니다. 초대 교회 성도들은 말씀을 계속 소리 내어 읽어 내려가는 것으로 양식을 삼았다고 합니다.

❷ 그다음 내가 읽고 읊조린 말씀으로 묵상합니다.

"주님이 오늘 이 말씀으로 말씀하시고자 하는 것이 무엇입니까?"

"오늘 이 말씀으로 내게 기도하라고 하시는 내용은 무엇입니까?"

"이 말씀으로 기도할 때 말씀이 성취되어야 할 영역이 어디입니까?"

이런 질문으로 읽고 묵상한 말씀을 정리해보고 그것을 붙잡고 기도하는 것입니다.

7. 말씀기도를 함께할 때 이런 순서로 합니다.

① 찬양
· 우리의 기도가 향하는 곳은 아버지의 마음입니다. 그러므로 오직 주님께 집중할 수 있는 곡, 하나님께 영광을 돌리는 찬양, 예수님의 십자가 보혈에 의지하는 찬양을 중심으로 선곡합니다.
· 찬양을 부르는 동안 기도자들의 마음과 생각이 주의 보좌로 모아집니다.
· 주어진 전체 시간에 따라 적절하게 시간을 배분합니다.

② 본문 읽기
· 먼저 정해진 본문의 말씀을 읽습니다.

· 참여한 기도자들이 돌아가면서 읽거나 낭독자가 읽습니다. 소리 내어 읽는 말씀의 구절들을 통해 지금 말씀하시는 하나님의 음성을 듣는 것과 같습니다.

③ 묵상

· 함께 읽은 본문의 말씀을 묵상합니다. 전체 기도 시간의 길이에 따라서 묵상 시간을 정합니다.
· 말씀이신 주님이 우리와 함께하시며, 성경을 통해 말씀하신다는 것을 기대하십시오.
· 말씀을 기대하면 주님이 반드시 가르쳐주시므로(요 14:26 ; 약 1:5) 진리의 영이신 주님을 먼저 구하십시오(요 16:13). 지혜와 계시의 영이신 성령께서 하나님의 뜻을 알게 하십니다(골 1:9 ; 엡 2:8,17).
· 주어진 본문에 충실하십시오. 본문이 말하고자 하는 바를 먼저 파악하는 것이 우선입니다. 자의적인 해석이나 문자주의적인 해석이 되지 않도록 주의합니다.
· 중요한 것은 내가 읽고 내 생각으로 말씀을 분석하고 재단하는 것이 아니라 나에게 주신 하나님의 이성과 의지가 하나님의 말씀에 순복하여 하나님의 생각을 받는 시간이 되어야 한다는 것입니다. 그래서 주님께 여쭈어야 합니다. "주님이 본문으로 무슨 말씀을 하기 원하십니까? 주님이 가르쳐주기 원하시는 것이 무엇입니까? 주님의 생각을 가르쳐주십시오"라고 구해야 합니다.

④ 나눔 : 연합의 중요성

말씀기도는 혼자 기도할 때보다 같이 기도할 때 주님의 마음과 계획을 좀 더 명확히 붙잡을 수 있습니다. 어느 누구도 하나님의 뜻을 완벽하게 다 아는 사람은 없습니다. 서로의 나눔을 통해 마치 퍼즐 조각이 맞춰지듯이 주님의 뜻을 깨닫게 됩니다. 또한 나눔을 통해 하나 되게 하시는 성령의 교통함과 그 시간에 기도하게 하시는 하나님의 방향을 붙잡게 됩니다. 살아있는 말씀은 운동력이 있어서 하나님의 나라가 이루어지는 방향을 향해 나아가게 됩니다.

- 자신이 묵상한 내용 중에서 오늘 함께 기도하라고 하신 말씀을 나눕니다.
- 그 자리에서 멋진 묵상을 나누려고 하지 마십시오.
- 내가 말씀을 깨달은 것이 절대적이 아니라는 것을 염두에 두십시오.
- 한 사람이 너무 길게 나누지 않습니다. 하나씩 나누시고 또 기회가 주어지면 다시 나누도록 합니다.
- 하나님은 공동체를 통해 말씀하시므로 다른 사람들의 나눔으로부터 배우기를 기대하십시오.
- 말씀이 나를 통과해야 하지만 '내가 은혜받은 말씀'이나 '나의 삶'을 나누는 것이 아니라 오늘 주님이 기도하라고 하신 말씀을 나누는 것입니다.

3장 하나님의 말씀이 이루어지는 기도

⑤ 기도

- 인도자를 따라 주신 말씀으로 기도합니다. 기도는 다양한 형태로 할 수 있습니다. 제목에 따라 전체가 합심기도를 할 수도 있고, 몇몇 분이 제목을 따라 대표로 기도할 수도 있습니다.
- 인도자는 본문의 순서에 따라 차례대로 기도하거나 몇 가지 주제로 기도 제목을 나눠서 기도할 수도 있습니다.
- 기도 제목이 된 하나님의 말씀이 예루살렘과 온 유대와 사마리아와 땅끝에서 성취되도록 기도합니다. 즉 기도 제목을 나, 가정, 교회, 나라, 열방에 적용하여 기도합니다.
- 묵상할 때, 나눌 때, 기도할 때 주시는 은혜가 다 다릅니다. 어떤 경우에는 나눔을 할 때는 몰랐는데, 기도하는 중에 깨닫게 되는 기도 제목이 있습니다. 그러므로 주님께 집중하여 잘 분별하도록 합니다.

⑥ 마무리 기도

- 인도자가 적절하게 마무리 기도를 인도합니다(대표기도, 주기도문 등).
- 인도자는 오늘 꼭 기도해야 할 기도 제목이 있는데 혹시 빠진 것은 없는지 묻고 마무리 기도를 진행합니다.

8. 말씀기도 인도자의 역할

소그룹에서의 말씀기도는 질서 있는 기도의 진행을 위해 섬기는 분이 필요합니다. 말씀기도를 이끄시는 분은 주님이심을 믿고 서로 고백하는 일이 전제되어야 하며 영적 리더가 인도하여도 좋고, 말씀기도가 익숙해지면 순서를 정해 돌아가면서 하는 것도 좋습니다.

인도자는 함께한 기도자들이 말씀 앞에 전심으로 설 수 있도록 돕고 기도가 한 방향으로 모아지도록 섬기는 역할을 하게 됩니다. 인도자는 미리 말씀 본문을 충분히 읽고 묵상함으로 하나님의 마음에 초점을 맞추는 준비 시간을 꼭 갖도록 합니다. 충분한 준비는 나눔과 기도를 풍성하게 정리할 수 있는 문이 되며, 말씀에 대한 바른 이해를 도와줍니다. 그러나 미리 준비한 대로 이끄는 것이 아니라 그 자리에서 기도하도록 이끄시는 주님께 순종해야 합니다.

인도자는 겸손하고 경청하는 태도를 갖추어야 합니다. 다른 사람의 생각과 나눔을 판단하거나 가르치지 않기 위해서 인도자는 주님께 더욱 주목해야 합니다. 모든 기도 제목을 다 나눌 수 없지만 자신의 나눔이 배제되었다는 느낌이 들지 않도록 기도 안에 포함시켜야 합니다.

9. 말씀기도를 잘하려면 이렇게 하십시오

① 기도의 내용이 되는 '말씀'과 말씀을 믿음으로 구하는 '기도'는 떨어질 수 없는 하나입니다. 우리에게 꼭 있어야 할 것은 말씀을 믿는 절대 믿음과 쉬지 않는 기도의 절대 순종입니다. 절대 믿음과 절대 순종으로 나아갈 때 말씀이 성취되고 하나님의 영광이 됩니다.

② 말씀기도는 말씀을 대하는 평소의 영적 생활을 그대로 드러냅니다. 지속적이고 규칙적인 통독과 묵상, 예수동행일기 등이 꼭 필요합니다. 또한 충분한 개인기도 시간이 있어야 합니다. 함께하는 말씀기도를 통해 연합기도의 능력을 경험하고, 더불어 개인적인 골방기도를 통해 주님과의 친밀함을 누리게 될 때 말씀기도는 더욱 풍성해집니다.

③ 십자가에서 예수님과 연합된 자신을 늘 확인하십시오. 오늘 나의 영적 상태가 바로 말씀기도의 수준이 됩니다. 하나님의 마음에 담긴 열방의 끝이 말씀기도에 다 담기려면 내 기도가 하나님의 마음 안으로 들어가야 합니다.

④ 마지막으로, 말씀기도 할 때 말씀의 내용을 읽어도 무슨 뜻인지 잘 모를 때 어떻게 하느냐는 질문을 받습니다. 기다림이 필요합니다. 우리는 기도할 때에도 조급하지만 말씀을 읽을 때에도 조급합니다. 말씀이신 주님을 신뢰하며 기다립니다. 어린아이

는 부모에 대해서 다 잘 알지 못해도, 부모의 사랑과 보호를 받는
다는 것과 교제의 기쁨을 압니다. 마찬가지로 말씀의 뜻을 이해
하려고 하기 전에 내게 말을 거시는 주님을 기대하십시오. 말씀을
기대하면 주님이 가르쳐주십니다.

> 보혜사 곧 아버지께서 내 이름으로 보내실 성령 그가 너희에게 모든 것
> 을 가르치고 내가 너희에게 말한 모든 것을 생각나게 하리라 요 14:26

말씀기도는 하나님이 원하시는 원형의 기도를 할 수 있는 방법
이며, 기도하는 우리의 영혼이 강건하여지도록 이끄는 기도입니
다. 날마다 성경 한 장씩 말씀을 읽고 읊조리고 묵상하고 기도로
선포해보시기 바랍니다.

4장

하나님의 생각과 하나 되는 기도 : 세계관

하나님의 뜻대로 하는 기도, 살아있는 기도를 하기 위해서는 복음의 진리를 붙잡고 기도하는 것이 중요합니다. 진리이신 예수님을 사랑하고, 매 순간 그분과 살아있는 교제를 나누는 것이 중요합니다. 이 두 가지 기둥을 붙잡으면 반드시 주님이 맺으시는 열매가 있게 마련입니다.

그런데 의외로 기도하는 사람들에게 기도한 대로 살아지지 않는 좌절과 실망이 있습니다. 하나님의 진리를 붙잡고, 날마다 주님 안에 거하기를 힘쓰는데 왜 그럴까요?

지식에까지 새 사람을 입으라

진리와 사랑의 두 기둥을 붙잡고 앞으로 나아가는 것을 가로막는 요소들이 제거되어도, 삶에서 조정되어야 할 영역들이 있기 때문입니다. 즉, 말씀에 대한 동의, 순종의 결단뿐 아니라 내 속에 이미 형성된 가치가 허물어져서 지식에까지 새 사람을 입어야 합니다(골 3:10). 하나님께서 우리를 구원하신 것은 우리의 영혼뿐 아니라 우리의 전 인격과 삶 전체입니다. 마찬가지로 기도하는 자들의 마음과 생각, 인격과 삶 전체가 그리스도로 인해 거듭나야 하나님의 뜻대로 기도하게 됩니다. 마음을 주께 순복하는 것이 필요하지만, 지식에까지 새롭게 되는 순종, 생각의 영역을 주께 복종시키는 것이 필요합니다.

나빌 쿠레쉬(Nabeel Qureshi, 《알라를 찾다가 예수를 만나다》의 저자)[6]는 파키스탄 출신의 미국 이민자 가정에서 태어났습니다. 철저히 알라를 섬기는 이맘(이슬람교 지도자)의 가정의 자녀였는데 대학에 가서 신실한 크리스천 친구를 만나 허물없이 교제하면서 전도를 받게 됩니다. 그런데 이슬람교를 변증하기 위해 더 철저히 이슬람교를 공부하며 성경을 읽다가 기독교의 역사성과 진리 앞에 무릎을 꿇고 예수님을 믿게 되었습니다.

안타깝게도 그는 34세에 암으로 세상을 떠났습니다. 책을 읽으면서 저는 젊은 기독교 변증가가 된 이분의 회심이 감사하면서도 참 마음이 아팠어요. 무슬림에게 있어서 예수를 믿는다는 것은 사랑하는 가족을 버리는 것이며, 자기 나라와 문화를 버리는 것이었어요. 회교권에서 예수를 믿는다는 것은 단순히 친족 살해의 위협받는 일을 넘어 사랑을 버리는 것임이 깊이 깨달아졌어요.

예수를 믿는다고 말할 때 그 믿음은 우리를 움직이게 만듭니다. 어떨 때는 가장 사랑하는 가족을 떠나게 만들 정도의 강력한 움직임이에요. 그런데 문제는 대부분 이런 일들이 특별한 사람들에게 일어나는 일이라고 생각한다는 것입니다. 어떻게 "예수를 믿었다. 그리고 아무 일도 일어나지 않았다"는 것이 더 자연스러운 일이 되었을까요? 우리가 핍박을 당하는 곳에서 신앙생활을 하는 것이 아니기 때문일까요? 아닙니다. 자신의 생각과 마음을 진리로 비춰보지 않기 때문에 그렇습니다.

성경의 진리가 내 안에서 실제가 되기까지

삶이 변화되기 위해서는 믿음뿐 아니라 그 믿음이 형성되기까지 작용한 우리의 생각과 마음을 점검해보는 것이 중요합니다. 우리를 통해서 생명이 흐르려면 먼저 마음과 생각을 지켜야 한다고 하십니다.

모든 지킬 만한 것 중에 더욱 네 마음을 지키라 생명의 근원이 이에서 남이니라 잠 4:23

사람의 변화는 다음과 같은 단계를 거쳐서 이루어집니다.

지식과 정보 입력 → 생각 속에서 취사선택 → 마음 → 행동
→ 습관(반복된 행동) → 인격과 성품 → 삶의 열매

은혜로운 말씀을 듣고 은혜를 받는다고 곧바로 말씀대로 살 수 있는 것이 아닙니다. 우리가 듣고 보는 정보와 지식들이 곧장

내 안에 들어와 다 내 것이 되는 것이 아닙니다. 무수히 많은 지식과 정보가 우리에게 들어오면 그 정보들은 생각 속에서 취사선택하는 과정을 거칩니다. 나쁜 것도 좋은 것도 내 안에 들어오면 필터가 작용해서 걸러냅니다. 그 필터는 오랜 세월 동안 형성된 자신의 가치관과 감정을 비롯한 여러 요소들이죠. 생각 속에 남게 되는 정보들은 마음으로 내려오게 됩니다. 마음속에 심겨진 생각들은 행동으로 드러나게 마련이고 그 행동이 반복되면 습관으로 자리잡게 됩니다. 습관은 그 사람의 인격과 성품이 되어 삶의 열매로 드러납니다.

우리가 다 인식하지 못해도 한 가지 지식이 내 안에서 실제가 되는 일은 이런 과정을 거칩니다. 사람은 본 대로 들은 대로 곧바로 살 수 있는 능력이 없습니다. 성경의 진리를 들었기 때문에 "내가 지금 그 노력을 안 해서 그렇지, 조금만 노력하면 그대로 살 수 있을 거야"라고 착각하지만, 애당초 우리에게는 듣는 대로, 본 대로 살 수 있는 능력이 없습니다. 이미 살아오면서 들었던 수많은 정보들이 몇십 년 동안 생각 속에서 가치관을 형성하여 자리잡고 이끌어가기 때문입니다.

따라서 새로운 가치가 내 안에서 자리잡으려면 기존의 가치가 꺾어지거나 내쫓기는 일이 있어야 합니다. 성경의 진리가 내 안에 들어와 나의 가치관이 되려면 이미 선점하고 있는 것들을 버리고 진리를 받아들일 자리를 만들어야 하는 것입니다.

진리가 삶의 변화로 곧바로 이어지지 않기 때문에 그토록 기도를 많이 해도 믿음의 가정에서 매우 당황스러운 일들이 일어나기도 합니다. 2015년에 박윤선 목사님의 딸인 박혜란 목사님이 《목사의 딸》(아가페북스)[7]이라는 책을 써서 한국 교회에 센세이션을 일으킨 적이 있습니다. 박윤선 목사님은 우리나라 구약학계의 거장이시고, 많은 목회자들이 존경하는 분이신데, 그 딸이 아버지가 가짜이며 위선자라고 폭로하여서 많은 이들에게 충격이 되었습니다.

자녀의 눈으로 본 아버지의 모습이니 객관적인 실체가 어떤지는 다 알 수 없지만, 이분의 책을 통해서 목회자 자녀의 마음 안에 있는 쓴 뿌리와 분노를 봤습니다. 교회에 다니며 기도도 열심히 하고 직분도 있는 부모들을 보며 자녀들은 '엄마는 가짜네', '아빠는 위선자야'라고 볼 수도 있습니다.

박윤선 박사님이 위선적인 삶을 살려고 하지는 않았을 것입니다. 나름대로 하나님의 뜻대로 살아보려고 애를 쓰셨을 것입니다. 책에 보면 어머니가 돌아가시고 아버지가 새엄마를 데리고 온 장면이 나옵니다. 아버지는 어머니를 잃은 자녀의 마음을 다독이지도 않았고, 새엄마를 맞이하는 일에 대해 아무런 설명도 없었습니다. 이 일이 딸의 마음에 큰 상처로 남았습니다. 아마 1930-40년대를 사셨던 그 분 안에 이미 형성된 유교적인 가치관이 있었다고 보입니다. 그 당시 가장은 자녀에게 자기의 감정이나 마음을

4장 하나님의 생각과 하나 되는 기도

설명할 필요를 느끼지 않았을 것이고, 자녀의 마음을 헤아려주는 것도 아니었겠지요.

주군(主君)에게 충성하는 유교적 가치관과 하나님께 충성하는 믿음, 부모에게 효도하라는 유교의 가치관과 기독교의 가치관은 겉으로는 비슷해 보이지만 완전히 다릅니다. 기독교의 모든 가치는 예수님의 생명이 겉으로 흘러넘쳐서 드러나는 것이지, 어떤 규범을 강요하는 율법이 아니기 때문입니다. 그렇기 때문에 많은 믿음의 자녀들이 믿음의 부모들의 율법적인 행동을 보면서 오히려 믿음의 방황을 겪게 됩니다. 자녀들 마음 안에 있는 쓴 뿌리와 분노는 부모에 대한 적개심으로 표현되지만, 뒤집어 보면 진짜에 대한 갈망이 마음에 있다는 증거이기도 합니다.

하나님의 뜻에 맞는 기도와 성경적 세계관

흔히 객관적이라는 말을 합니다. 객관적 사실이라는 것도 사람마다 다 다릅니다. 객관적이라고 말하는 뉴스도 뉴스를 작성하고 전달하는 자의 시각을 통해서 본 것이기에 온전히 객관적이라고 할 수 없겠지요. 주일에 교우들과 만나 인사를 나누다보면 참 재미있습니다. 어떤 권사님은 "어휴, 사모님, 어떻게 이렇게 말랐어요, 아파요?" 이렇게 말씀하고 지나가시고, 또 다른 분은 "아유, 사모님, 요즘에 좀 살이 쪘네, 뚱뚱하네" 이러고 지나가십니다. 똑같은 저를 보는 눈이 다른 거예요.

그런데 이렇게 다른 시각은 우리가 진리를 대할 때도 작용합니다. 저는 중보기도 사역을 하면서 기도하는 자의 관점과 생각이 기도하는 일에 있어서 얼마나 중요한지를 깨달았습니다. 그래서 성경적 세계관이 우리 안에 세워지는 것이 정말 중요하다고 생각합니다.

저는 세계관에 대한 강의를 혼자 할 수 있을 만큼 식견이 넓은 것도 아니고 전문가도 아닙니다. 방대한 세계관 전체에 대한 이야기를 다 할 수도 없습니다. 그러나 우리 안에 형성되어 있는 세계관에 대해서 눈이 열리면 좀 더 분명하게 하나님의 뜻에 맞는 기도를 할 수 있겠다고 생각해서 기도하는 이들이 점검해야 하는 몇 가지에 초점을 맞춰 나누려고 합니다.

부산에서 목회할 때 여러 선교 단체에서 교회 건물을 사용하였는데, 그 덕분에 저는 홈그라운드에서 좋은 강의들을 많이 들었습니다. 1990년대 초반에 한번은 《생각은 결과를 낳는다》(예수전도단)[8]라는 책을 쓰신 대로우 밀러(Darrow Miller)가 오셔서 한 주간 동안 '세계관 강의'를 해주셨는데 그때 제 눈이 열렸습니다.

1990년 부산으로 갔을 때가 30대 초반이었는데, 부산에서 자란 남편과 달리 제게 부산은 우리나라인데도 완전히 다른 나라 같았습니다. 어떤 말은 한국말인데 도통 알아들을 수가 없었습니다. 새벽기도회를 마치고 교회 앞으로 나가면 어떤 아저씨가 카트에 뭔가 싣고 "투투 한 사라 하이소" 이렇게 말하며 지나갑니

4장 하나님의 생각과 하나 되는 기도

다. 뭘 사라고 하는 것 같은데 무슨 말인지 도무지 알아들을 수가 없어서 골목 끝까지 쫓아가보았어요. 그래도 모르겠더라고요. 나중에 어느 분에게 물어보고 알았어요. '투투'는 "고래고기", '한 사라'는 "한 접시", '하이소'는 "드세요, 혹은 사세요"와 같은 뜻으로 하는 말이라고 하니 "투투 한 사라 하이소"는 "고래고기 한 접시 사세요"라는 말이었어요.

또 교인들과 이야기를 하다보면 중간에 "어데예" 이러세요. 저는 어디냐고 장소를 물어보는 말인 줄 알았더니 "아유, 가당치도 않다" 이런 뜻이더군요. 말도 생소하니 불교와 미신적인 색채가 강한 문화는 더욱 생소했습니다. 명절에 동네를 걸어보면 집집마다 제사를 지내며 생선을 구워 수북이 쌓아둔 모습이 어마어마했습니다. 가정의 형편과 상관없이 제사는 항상 크게 지내야 할 중요 행사임을 보았습니다.

지금은 그렇지 않지만 그 당시에는 주일예배를 드리는데 부부가 같이 앉는 것이 아니라 남자는 왼쪽, 여자는 오른쪽에 앉으시더라고요. 어느 날 서울에서 이사 온 새가족 부부가 같이 앉았는데 온 교인이 눈총을 주는 것 같았어요. 그 모습을 보면서 저는 우리 교회가 사랑이 없어서 그런 줄 알았어요. 사랑이 없어서가 아니라 교회 안에서조차 지역 문화의 영향을 많이 받고 있었던 것입니다. 제가 부산과 경상도 지역 사람들의 문화를 잘 모르니 제 생각대로 판단을 했던 것이지요.

대로우 밀러의 강의를 들으면서 부산이 오랜 세월 형성된 불교 문화권이기 때문에 사람들의 가치관에 불교가 영향을 미쳤고, 성도들의 삶에도 영향이 있다는 것을 알게 되고 이해가 되었어요.

1. 세계관이란 무엇인가?

세계관이란, 어떤 사람이 삶과 세상을 바라보는 관점을 말합니다. 마치 눈의 렌즈와 같고 안경과 같아요. 사람들은 어떤 사물이나 사건을 볼 때 자기가 가지고 있는 렌즈를 통해서 보게 됩니다. 사람마다 다른 렌즈를 가지게 된 이유는 살아온 삶이 다르고 생각과 논리, 문화와 환경이 다르기 때문입니다. 이런 다양한 관점들이 모여서 세상을 바라보는 눈이 되는데, 이 생각의 틀을 세계관이라고 하는 것입니다.

사람마다 관점이 다 다른데 그 관점이 생기게 된 이유는 각각 서 있는 자리가 다르기 때문입니다. 각기 다른 자리를 '입장'이라고 하는 것이지요. 예를 들면 며느리의 입장이 있고, 시어머니의 입장이 있어요. 어느 주일 오후에 한 권사님과 그 분의 딸과 같이 교회 카페에서 커피를 마시게 되었어요. 이런저런 이야기를 하다가 친구분 이야기를 하시는 거예요. "우리 친구가요 사모님, 얼마 전에 며느리를 봤어요. 그런데 며느리 집에 갔더니 아니 글쎄, 며느

4장 하나님의 생각과 하나 되는 기도

리가 시어머니가 왔는데 커피를 주문해서 주더래요. 어떻게 며느리가 밥도 아니고 커피 한 잔을 못 타주고 그럴 수가 있어요?" 옆에서 엄마가 열변을 토하는 것을 듣고 있던 권사님의 딸이 "엄마, 그건 아니지. 며느리는 모처럼 시어머니가 오셨는데 카페에서 맛있는 커피를 대접하고 싶어서 시킨 거지, 집에서 커피를 못 타줘서 그랬겠어?" 이렇게 이야기를 했어요.

어떤 게 맞을까요? 서로의 입장이 각기 다르니, 바라보는 것도 다른 것입니다. 각각 다른 자리에 서서 다른 시각으로 보는 것이 연결되어 나의 안경이 되면, 그것이 세상을 바라보는 생각의 틀이 되고, 이 생각의 틀을 세계관이라고 하는 것입니다. 이 세계관은 안경처럼 겉으로 쓰는 게 아니라 마음 안에 있는 렌즈이기 때문에 내가 그런 안경을 썼다는 인식을 하지도 못하는 사이에 그것을 통하여 사물과 사건과 일들을 바라보게 됩니다.

왜 이 세계관이 그렇게 중요하냐면 내가 바라보는 이 눈이 결국은 어떤 일의 결과를 가져오게 되기 때문입니다. 자기가 옳다고 생각하는 대로, 자기가 제일 중요하다고 여기는 가치를 따라 기도하는 방향이 정해지기 때문입니다. 그러므로 기도하는 이들이 자신이 어떤 세계관을 갖고 있는지 스스로 돌아보는 일은 너무 중요합니다.

2. 세계관의 형성 요인

❶ 타고난 성격과 가정 환경이 세계관 형성에 영향을 미칩니다.

낙관적인 사람도 있고 비관적인 사람도 있습니다. 사색적인 사람도 있고 행동적인 사람도 있습니다. 내성적인 사람과 외향적인 사람으로 나뉘기도 하지요. 자신의 타고난 성격이 사물과 사건을 바라보는 데 지대한 영향을 끼치게 됩니다.

제게는 10살 터울의 딸이 둘 있습니다. 딸들이 어렸을 때 부산에서 서울까지 오려면 아빠가 운전해서 고속도로로 6시간 내지 7시간을 와야 됩니다. 그러면 큰애는 자요. 휴게소에 들어가면 깨서 간식을 사먹고 차를 타면 다시 잡니다. 하지만 작은 애는 절대 못 잡니다. 계기판의 기름이 점점 줄어가는데 아빠가 언제 휴게소에 들어가서 주유를 할 건지 계속 생각하기 때문에 잠을 못 자요. 그러면 큰 애가 옆에서 이야기합니다. "아빠가 알아서 하겠지. 네가 그걸 왜 걱정하니?" 작은 애는 "언니는 그게 걱정이 안 돼?" 이러는 거예요. 서로 너무 다르게 태어난 거예요.

교회 안에서도 가정에서처럼 각기 다른 이들이 존재하는데, 모두 다 필요한 사람들입니다. 낙천적인 사람들 때문에 추진력이 생기고, 비관적인 사람 때문에 실수를 줄일 수 있습니다. 잘될 거라고 생각하는 낙천적인 사람이 꼭 믿음이 좋은 것은 아닙니다. 비관적인 사람이 늘 믿음이 없는 것도 아닙니다. 각각 타고난 자신의 성품을 거슬러 성경의 진리대로 말하고 행동할 수 있게 되면 그것이 믿음이 됩니다.

❷ 문화와 학교의 영향력도 큽니다.

예전에는 부모의 영향력이 컸다면 지금은 부모보다는 오히려 또래의 영향과 미디어의 영향이 절대적입니다. 무엇을 듣고 보는지에 따라 세계관이 형성되기 때문에 몸에 좋은 음식을 가려서 먹듯, 좋은 컨텐츠를 가려서 보는 일이 너무나 중요합니다.

우리나라는 유교적인 영향이 뿌리 깊어서 체면이 중시되는 문화가 있습니다. 알게 모르게 교회 안으로 이 영향력이 들어와 남에게 보이는 믿음을 실제보다 더 중요하게 여기는 경향이 있습니다. 다른 사람들이 어떻게 생각할까에 초점을 맞추다보니 신앙생활이 생명력을 잃게 됩니다. 가정에서 부모의 민낯을 보는 아이들은 이런 모습을 보며 부모가 이중적이라 생각하게 되고 믿음에 대해서 거부감을 갖게 됩니다.

똑같은 예수님을 믿어도 나라마다 굉장히 다릅니다. 아주 오래 전에 동남아의 어떤 나라에 갔는데, 어느 성당에 들어가 구경하다가 안내문을 보고 깜짝 놀랐습니다. "당신이 마리아에게 얼마를 헌금하면 천국에 갈 수 있다" 이렇게 써 있더라고요. 하나님을 믿는다고 하면서 실제로는 토속 신앙과 결부되어 세상의 잡신을 섬기는 것과 다를 바가 없었어요.

❸ 교회 분위기에도 영향을 받습니다.

교회가 아주 율법적인 신앙의 분위기이거나 기복적인 분위기인 경우, 복음적인 분위기인 경우 전부 개인의 믿음에 지대한 영향력을 줍니다. 그리고 믿음과 세상을 바라보는 관점에 영향을 끼칩니다. 교회 전체의 영적 분위기가 복음적이고 밝고 기쁨이 넘친다면 그 안에서 자라나는 다음세대는 신앙에 대해서 긍정적이고 밝은 생각과 관점을 갖게 될 것입니다.

다양한 배경과 각기 다른 가치관을 가진 여러 사람들이 어떻게 성경을 진리로 받아들여 한마음으로 기도하고 삶이 변화되는 자리까지 나아가게 될까요? 로자리아 버터필드 교수가 쓴 《뜻밖의 회심》(아바서원)[9]이라는 책이 있습니다. 로자리아 버터필드 교수는 시러큐스대학의 종신교수로서 매우 똑똑한 여성학자이자 동성애자였어요. 그런데 이분이 어느 날 전도 편지를 통해서 예수를 믿게 됩니다. 뜻밖의 회심을 한 것이지요. 회심은 변화된 삶으로 이어지고 그 후 목사님과 결혼해서 세 자녀를 낳았고 사모로서 사역하고 사십니다. 이분이 자신의 책에서 그렇게 얘기했어요. "회심은 충돌이다. 내가 하나님의 말씀을 읽고 내가 하나님의 말씀을 분석하는 것에서, 하나님의 말씀이 나를 읽고 나를 이렇게 판단하는 것으로 바뀌었다"라고 했습니다.

"회심은 충돌이다"라는 말이 이해가 되세요? 예수를 믿었더니 내가 그동안 가지고 있던 가치관과 성경이 말하는 가치관이 너무 달라서 그 둘이 충돌을 일으킬 수밖에 없다는 것입니다. 둘 중에 하나를 선택하는 일은 당연히 충돌이라고 표현할 수밖에 없는 놀라운 변화이지요. 예수를 믿었는데 아무런 충돌이 없었다고 하면 우리의 내면을 돌아봐야 합니다. 이미 진리로 조정된 세계관을 가지고 있기 때문일 수도 있고, 세상 가치관과 성경적 가치관을 적당히 얼버무려버렸기 때문일 수도 있습니다. 믿음은 삶을 뒤집을 만큼 강력한 것인데, 믿는다고 말하는 우리에게 힘이 없는 이유는 두 가지를 충돌시켜 결론을 내지 않았기 때문에 어느 쪽으로도 가지 않은 어정쩡한 상태이기 때문이 아닐까요.

흔히 한국 교회의 문제를 말할 때 세상이 교회 안으로 들어왔다는 표현을 쓰는데, 정확하게 말하면 세상에서 살던 사람들이 세상 가치관을 그대로 가진 채 교회 안에서 살기 때문에 문제가 되는 것입니다.

그러면 세상의 가치관과 성경적 가치관은 어떻게 다를까요?

3. 성경적 세계관 vs 세상적 세계관

세계관을 간략히 정리해보면 다음과 같습니다.

성경적 세계관	세상적 세계관
진리가 절대 가치	상대 가치 / 시대와 상황에 따라 바뀐다(사사시대)
창조(죽음으로 얻은 새 생명)	진화(점진적으로 개선)
생명	삶의 질
과정을 중시	효율성과 결과를 중시
진리는 모든 것에서 진리	종교는 사적 영역, 주관적
옳고 그름과 다름의 차이가 분명	옳고 그름과 다름이 혼재됨
인권의 기원은 창조주	인권은 자기 마음대로 할 수 있는 권리
성 윤리	성 권리

▷▷ 성경적 세계관과 세상적 세계관

❶ '성경'은 모든 상황 속에서 절대 진리입니다.

다시 말하면 "하나님이 왕이신가?" 아니면 "내가 왕인가?"를 질문합니다. 성경은 절대 진리를 말합니다. 성경은 어떤 상황에서도 진리는 바뀔 수 없는 절대 진리라고 말합니다. 그 말은 다른 말로 하면 하나님이 왕이시라는 거예요. 세상은 절대 진리는 없고 상대적이라고 말합니다. 상황에 따라 진리가 바뀔 수 있다는 거예요. 사사시대를 한마디로 표현하면, "자기 소견에 옳은 대로" 사는 시대라고 했는데, 이 말은 지금 시대에도 마찬가지입니다. 모든 사

4장 하나님의 생각과 하나 되는 기도

람이 자기 소견에 옳은 대로 삽니다. 자기가 왕이 되어서 사는 것입니다.

오히려 세상은 자기 소견에 옳은 대로 살지도 못해 문제이지 "당신이 옳다고 생각하는 가치를 붙잡고 살라"고 말합니다. 반대로 성경은 아무리 선해도 자기가 왕이 되고, 자기 소견에 옳은 대로 사는 삶은 다 망하는 삶이라고 말합니다. 안타깝게도 자기가 왕처럼 살기 위하여 하나님이 필요한 사람들이 너무 많다는 것입니다.

얼마 전 방송에서 어떤 분의 기도 간증을 들었습니다. "우리 애가 태권도 시합에 나갔는데 내가 기도를 했거든요. '우리 애는 한 대도 안 맞고 잘 때리게 해주세요.' 그런데 기도한 대로 우리 애는 하나도 안 맞고 승급을 했어요"라고 하더군요. 기도한 대로 받은 응답이라는 것이 무엇인지 생각해보게 됩니다. 하나님이 왕이시라는 건 하나님께 나를 꺾고 들어가는 것이지, 하나님이 내 소원을 이뤄주시도록 부리는 것이 아닙니다.

❷ '생명'은 절대 가치라는 것입니다.

생명은 어떤 상황 속에서도 바뀔 수 없는 절대 가치입니다. 가장 소중한 것입니다. 기도할 때 절대 놓치지 말아야 할 가치입니다. 이 가치를 생명처럼 붙잡아야 생명을 지키는 방향으로 기도하게 되고, 그 가치를 따라가게 됩니다. 기도할 때 무엇이 옳은지 살펴보는 것도 좋지만, 옳고 그른 것을 따지다가 생명을 잃어버리지 말아야 합니다. 하나님의 일은 생명을 살리는 것이고, 마귀의 일은 결국 생명을 죽이는 일입니다.

성경에 나오는 유명한 솔로몬의 재판 이야기를 아시지요? 이것은 아이의 진짜 엄마를 찾아낸 솔로몬의 지혜에 대한 이야기이기도 하지만, 가장 중요한 것은 생명의 가치라는 것입니다. 아이를 반으로 나누는 것은 공평한 것이지만 아이의 생명이 없어지게 됩니다. 교회 안에서, 가정 안에서 어떤 결정을 내릴 때, 기도의 제목으로 삼을 때 가장 중요한 것이 생명이 되면 나머지 순서가 정해집니다.

세상은 삶의 질이 중요하다고 가르칩니다. 생명이 소중하지만 어쩔 수 없는 상황이 있다고 합니다. 어떤 여자가 성폭력으로 인하여 임신을 했다고 가정해봅시다. 성경은 생명이 절대 가치이므로 낙태를 허용하지 않습니다. 삶이 어렵다고 살인을 허용할 수는 없지 않습니까? 그러나 세상적인 세계관은 "원치 않는 임신을 한 여성의 삶은 어떻게 하라고? 삶의 질이 중요한 거지"라고 말합니다. 이러니 진리와 세상이 충돌할 수밖에 없어요.

제가 초등학교 4학년 때에는 한 학급이 100명을 넘었고 2부제 수업을 했습니다. 젊었을 때는 산아제한정책으로 "둘만 낳아 잘 기르자"가 캐치프레이즈였어요. 셋째를 낳으면 의료보험을 해주지 않을 때도 있었어요. 세월이 지나 지금은 자녀를 셋 낳으면 나라에서 장려금을 주더라고요. 정책은 달라졌는데 우리의 생각도 달라졌을까요? 많은 젊은이들이 아이 낳기를 거부합니다. 이유는 아이를 잘 키울 수 없다는 것이지요.

우리 교회 부목사님 한 분이 어느 날 여섯째를 임신했다는 소식을 전해왔습니다. 제가 그 소식을 듣고 가장 먼저 든 생각이 무엇이었을까요? '생명을 주시는 분은 하나님이신데, 이 가정은 정말 복을 받았네'라는 생각이 들지는 않았습니다. '여섯 명이라고? 어떻게 키우려고 그래. 넷도 많더니 여섯이나 됐어?' 이것이 제 안에서 자동적으로 올라오는 생각이었어요. 정신을 차리고 "어머, 생명은 주님이 주시는 건데 축하해요. 정말 복 받았어요"라고 말했지만, 마음 깊은 곳으로부터 "자식들은 여호와의 기업이고 장사의 전통에 있는 화살과 같은 복"임을 기뻐하기까지는 시간이 꽤 걸렸습니다. 둘만 낳아 잘 기르자는 교육을 받고 자랐기 때문에 아이가 많으면 삶의 질이 떨어진다는 세상의 가치관이 제 안에 교묘하게 자리잡고 있는 것을 깨달았습니다.

세상의 가치와 진리가 충돌하게 될 때 "생명의 가치를 따라갈 것인가, 더 나은 삶의 질을 따를 것인가?" 하는 갈등은 진리로 결론이 나야 됩니다. 그런데 이 도전이 남의 일이 아니고 내게 일어나는 일이 될 때 그때도 곧바로 진리를 붙잡을 수 있을까요?

만약 자신의 자녀가 아직 십대인데 임신을 했다면 어떻게 하시겠습니까? '생명이 가장 중요하니 여러 상황이 어렵더라도 당연히 아기를 낳아야지' 이렇게 생각이 들까요? 아니면 '아직 애가 이렇게 어린데 아기까지 낳으면 이 아이의 인생은 어떻게 되겠어?' 이런 생각이 들까요? 갈등이 있겠지만 그럼에도 불구하고 당연히 생명의 가치로 결론이 날까요?

어느 날 목회자 기도 모임에 갔는데, 오랜만에 보는 어느 사모님이 곧 부서질 것처럼 메마른 상태이셨습니다. 본인이 힘든 상태이다보니 다른 사람을 대하는 태도도 까칠했어요. 사모님을 따로 만나 이야기를 들어보니 어려운 일을 겪으셨더라고요.

자녀가 고등학생인데 임신을 했고, 사모님이 이 아이를 데리고 병원에 가서 낙태를 시키며 '하나님, 이 벌은 제가 다 받겠습니다'라고 했다고 합니다. 눈물로 이야기하는 사모님을 붙잡고 제가 "아이고, 사모님, 태아도 생명인데 생명을 죽이면 안 되죠" 이렇게 말해야 될까요? 몰라서 그런 게 아니지요. 그러니까 괴롭고 힘들어서 영혼이 메마르게 된 거지요. 제가 할 수 있는 일은 얼마나 힘들었느냐고 붙잡고 같이 울어주는 것밖에는 없었습니다. 함께 기도할 때 하나님이 회개의 영을 부으시고 다시금 기도를 열어 소생케 하는 은혜를 부어주셨습니다.

성경의 진리가 내 상황에 갈등 요소로 부딪히게 될 때 누구나 흔들리게 됩니다. 위기 상황이 아닌 평소에, 아직 문제가 없는 상황 속에서 진리를 꽉 붙잡고 있어야 실제로 문제가 생겼을 때 잠시 흔들려도 진리로 결론을 맺게 됩니다.

❸ '창조'를 붙잡는 믿음입니다.

진화의 반대는 무엇입니까? 어떤 창조과학자는 "진화의 반대는 창조가 아니라 성경이다"라고 말씀하시더라고요. 진화의 반대가 창조가 아닌 성경이라는 말은 무슨 뜻입니까? "창조냐, 진화냐" 는 생명의 기원에 대한 한 가지 입장이 아닙니다. 한 가지는 전체 입니다. 성경이 진리라면 창조도 당연히 진리이고, 창조가 진리가 아니라면 성경은 진리의 책이 아닙니다.

물론 우리의 시간과 하나님의 시간이 다르겠지요. 초등학교에 들어가면 진화론에 대해서 배웁니다. 학교에서는 진화론을 배우는데 교회에 와서는 창조론을 배워요. 아이의 마음에 진화론이 선점해 있다면 교회에서 하나님이 세상을 창조하셨다는 말씀을 들어도 이 말씀이 아이의 마음에서 튕겨져 나갈 것입니다. 아이의 마음에 창조론이 선점해 있는 경우에도 하나님이 세상을 창조하셨다고 학교에서 절대 말하지 못합니다. 어린아이가 어떻게 선생님이 가르치는 것에 반대하는 이야기를 할 수 있겠어요. 그래서 절대 양립할 수 없는 두 가치를 적당히 마음에 얼버무려서 넣어둡니다. 교회에 와서는 하나님이 세상을 창조하셨다고 하고, 학교에서는 진화론을 배우고 시험도 치릅니다. 이 두 가치가 생각 속에

공존하고 있으니 신앙이 힘을 쓸 수 없습니다.

저는 하나님의 시간이 우리의 시간과 얼마나 다른지 잘 모릅니다. 또한 모든 과학적 내용들도 잘 알지 못합니다. 창조론에 대한 입장과 진화론에 대한 입장을 과학적으로 증명하려고 하는 과학자들과 신학자들의 이야기를 배우고 치열하게 질문하는 일이 필요하다고 생각합니다. 적당히 얼버무리지 말고 가르치고 배우고 갈등을 일으켜야 하리라 생각합니다. 그러고 나서 진리로 결론이 나야 믿음이 힘을 내게 됩니다. 그 일을 교회 안에서, 가정 안에서 해야 할 것입니다.

창조와 진화의 문제는 세상의 기원만을 말하는 것이 아닙니다. 우리 삶의 모든 영역에 이 진화론적인 생각이 파고들어 와 있습니다. 인간은 점점 선해지는 존재가 아닙니다. 세상도 점점 좋아지는 세상이 아닙니다. 세상이 언제 가장 좋았을까요? 창조 때입니다. 하나님과 더불어 에덴에서 살 때가 가장 좋았습니다. 그런데 죄가 들어오고 점점 망가지게 되었습니다. 그래서 마지막 심판을 향해서 가고 있습니다.

예수님을 믿으면 사람이 거듭난다고 말합니다. 이 말은 우리가 스스로 점점 좋아질 수 없는 존재라는 거예요. 만약 우리가 점점 나아지는 존재라면 '나는 죽고 예수로 사는 십자가 복음'이 필요 없을 것입니다. 그런데 우리의 마음속 깊은 곳에는 '꼭 죽어야 하나?' 하는 생각이 있습니다. 제가 그랬습니다. '꼭 죽어야 할 사람은 따로 있는 거지. 나만큼 괜찮은 사람 있으면 나와보라고 그래. 내가 다 괜찮다는 건 아니야. 나도 알아. 그렇지만 몇 가지만 고치면 나도 꽤 괜찮거든. 그런데 꼭 죽을 필요는 없잖아.' 이런 생각이 제 안에 있어요. 이것이 진화론적 생각입니다.

몸 안에 두 생명이 있을 수 없습니다. 한 생명만 있을 수 있어요. 그런데 우리 안에는 '죽을 것까지는 없고 조금만 고치면 괜찮다'는 생각이 있습니다. 나에 대한 연민과 사랑이 계속 복음의 진리를 가로막고 있는 것입니다.

세상 마케팅의 근원이 부족한 것만 채우면 괜찮아진다는 거예요. 그러기 위해서 필요한 것이 자신들의 제품이니 그것을 사라는 것입니다. 방송에 나오는 광고들을 보면 다 똑같습니다. 멋있는 차가 나오면서 이 차를 타면 당신이 얼마나 대접을 받을 것이며, 당신이 얼마나 괜찮은 사람인지 사람들이 다 알아줄 것이라고 합니다. 당신은 살을 조금만 빼면 진짜 괜찮은 사람이라고 하면서 다이어트 식품을 팝니다. 모든 마케팅은 다 "좀 더 좀 더"라고 말합니다.

광고뿐만이 아니라 우리도 끊임없이 그런 생각을 합니다. 흔히 아이에게 "너 수학만 좀 더 잘하면 우등생이 될 거야", "영어만 좀 더 잘하면 훌륭해질 거야", "너 원래 괜찮은 아인데 조금만 노력하면 다 잘 될 거야" 이렇게 말합니다. 부모 자신도 노력으로 안 되었으면서 아이한테는 끊임없이 노력하면 너는 좋아질 거라고 애기하고 있습니다. 우리가 진화론을 믿는 것은 아닙니다. '하나님이 사람을 창조하셨지 원숭이에서 진화한 것이 아니지'라고 생각하지만 이 전제가 있음에도 불구하고 진화론을 기반으로 한 문화와 가치관이 우리 안에 상당히 많이 들어와 있습니다.

신앙생활을 하면서도 여전히 '조금만 더 조금만 더!' 이 생각이 우리 안에서 끊임없이 돌아가고 있습니다. 아닙니다. 우리로서는 안 되니까 주님이 "나의 십자가, 나의 생명이 너에게 필요하다"고 말씀하시는 것입니다.

그러면 훈련이 필요 없다는 것입니까? 물론 훈련이 필요합니다. 그것은 생명이 전제될 때만, 예수님의 생명이 우리 안에 흐르도록 생명나무 되신 예수님께 붙어 있을 때에만 의미가 있습니다. 우리의 노력으로 열매를 맺는 것이 아니라 주님이 열매를 맺으십니다. 훈련이라고 하면 우리는 극기 훈련과 같은 것을 생각합니다. 그래서 수련회에 가서 말씀을 외우면 밥을 주고, 못 외우면 밥도 안주는 식으로 훈련을 진행합니다.

아닙니다. 오늘 말씀을 읽고 내일 기도하고 내 영적인 수준이 높아져서 어느 수준에 도달하는 것이 아닙니다. 깊어진 것 같다가도 어느 날 하루아침에 갑자기 곤두박질쳐서 그렇게 깊어진 거 같던 나는 어디 가고 드러나는 적나라한 실상 때문에 좌절한 경험을 다 해보셨을 것입니다. 충만한 기도로 시작했는데 문제를 만나니 감정이 폭발한 경험도 있었을 것입니다. 우리는 노력으로 거룩해지는 존재가 아닙니다. 우리가 하는 훈련은 날마다 주님의 생명에 붙어 있는지를 확인하는 훈련입니다. 그리고 그 훈련을 통해 우리의 몸과 생각과 마음에 영적 진리가 새겨지게 하는 것입니다.

저는 영적 훈련을 '체질 개선'이라고 표현합니다. 그동안 우리의 영적인 체질이 세상의 체질이 되어 있었습니다. 마치 아이들이 몸에 나쁜 음료와 인스턴트 음식을 너무 좋아하는 것과 비슷합니다. 어느 날 아이가 아토피 피부인 것을 알게 되어 인스턴트 음식을 끊고 자연식을 해주었다고 합시다. 처음에는 아이가 울고불고 난리를 치지만 나중에는 어린아이인데도 나물에 된장을 넣고 비벼 먹으면서 맛있다고 변하게 되잖아요. 우리에게 좋은 것이 좋게 여겨지고, 나쁜 것은 싫어지게 되는 것이 훈련입니다. 체질 개선이 되는 것이지요.

'discipleship', "제자도"라는 말과 'discipline', "훈련하다"라는 단어는 같은 단어라고 합니다. 주님을 따라가는 제자는 날마다 주님을 따라가는 훈련을 하는 사람입니다. 그래서 예수님을 믿는 믿음과 율법적인 종교는 다릅니다. 도를 닦듯이 치성을 드려서, 혹은 노력으로 성과를 내어 우리가 믿음생활을 잘하는 것이 아니라 예수 그리스도 그분의 생명에 붙어 있을 때에만 우리가 생명의 길을 갈 수 있습니다. 복음은 내 힘으로는 안 된다고 결론이 났다는 것이고, 율법은 끊임없이 노력으로 뭔가를 이뤄보려는 것입니다.

❹ 성경은 시작이 있고 끝이 있다고 말합니다.

창조가 있으면 이 세상이 끝나는 그날도 오게 되어 있어요. 그런데 세상의 문화는 우리에게 윤회론을 말하고 있습니다. 로맨틱한 사랑 이야기와 함께 버무려져서 들어오는 윤회사상이 사람들의 생각에 자리를 잡고 어느덧 자연스럽고 익숙하게 만듭니다. 연애하는 사람들이 헤어지는 경우 "이번 생에는 이루어지지 않았지만 다음 생에 만나자" 이런 말을 합니다. 고마운 사람에게 "다음 생에 갚아줄게"라고 합니다. 멋있어 보이지만 말도 안 되는 소리입니다. 우리에게 다음 생애라는 건 없어요. 하나님이 허락하신 한 번뿐인 삶 속에서 주어진 관계를 주님 대하듯이 하며 사는 것 아니겠습니까.

문제는 드라마를 보며 스며들어온 작은 생각이 마치 포도원을 허무는 여우처럼 내 삶을 망가뜨리는 요인이 됩니다. 드라마를 보며 '이번 생에는 이런 남편을 만났지만 다음 생에는 멋진 남편이랑 만나야지' 이런 생각을 합니다. 그래서 문화가 무서운 것입니다. 한 자락의 비진리를 용납하는 것이 우리를 진리에서 점점 멀어지게 만듭니다.

❺ 진리는 모든 영역에서 진리입니다.

레슬리 뉴비긴(Lesslie Newbigin)이라는 신학자는 세상은 우리에게 믿음을 '사적 영역'에 속하는 것으로, 객관적인 사실이 아닌 '형이상학적인 영역'에 속하는 것으로 국한한다고 말합니다. "그리스도인들이 공적 토론장에서 자리를 다시 확보하려면 공적인 것과 사적인 것, 사실과 가치, 거룩한 것과 세속적인 것 사이의 이분법을 극복하는 방안을 찾아야 한다. 우리는 복음을 문화적 포로 상태에서 해방시켜 공적 진리의 지위로 회복시켜야 한다"[10]고 말합니다.

이 세상은 우리에게 말합니다. "창조, 좋아. 그래. 그게 너희들의 신앙이지. 그런데 그 이야기는 교회에서만 해. 세상에 나와서 그런 이야기하지 마", "예수가 부활했다고? 그런 말은 교회 안에서만 해." 성경의 수많은 스토리가 교회에서 통하는 것과 세상에서 통하는 것으로 적당히 나누어서 정리되어버렸습니다.

아닙니다. 성경의 진리가 하나라도 진리가 아니면 성경 전체가 다 진리가 아닙니다. 성경은 신화도 상징도 아닌 사실입니다. 내 안에 갈등을 일으켜서 결론이 나지 않은 문제들이 차곡차곡 쌓여 있으니, 진리의 말씀이 들어갈 틈이 없고 신앙생활에 힘이 나지 않는 것입니다.

요즘 이슈가 되는 성적(性的)인 문제에 대한 진리는 무엇입니까? 세상은 성 윤리의 문제를 권리의 문제로 바꾸어놓았습니다. 옳고 그름의 문제를 다름의 문제라고 말합니다. 예를 들면, 남자와 남자가 사랑하고, 여자와 여자가 사랑하는 것은 옳고 그름의 문제입니다. 남녀의 차이는 다름의 문제죠. 그런데 세상은 옳고 그름과 다름의 문제를 섞어서 남자와 남자가, 여자와 여자가 사랑할 수 있는 것은 옳고 그름의 문제가 아니라 다름의 문제라고 말하고 있어요.

인권이라는 말을 많이 듣습니다. 인권은 창조주께서 주신 권리입니다. 그러므로 인권이라는 말에는 두 가지 내용이 포함되어 있습니다. 하나는 창조주가 주신 것을 아무도 빼앗을 수 없다는 것입니다. 그래서 노예 해방 전쟁도 했고, 여성의 참정권을 위해서 싸우기도 했습니다. 사람은 하나님 앞에서 피부색이나 남녀의 차이로 차별받아서는 안 되고, 어떤 사람이 다른 사람의 소유주가 될 수도 없는 것입니다.

또 하나는 창조주가 주시지 않은 것은 인권이 아닙니다. 그러니까 동성애나 결혼 이외에 불륜의 관계가 권리가 될 수 없는 것입니다. 하나님이 주신 것이 아니기 때문입니다. 이 두 가지가 우리 내면에서 분명해지면, 이런 말을 듣고 저런 말을 들어도 흔들리지 않게 됩니다.

⑥ 연약한 지체를 바라보는 성경적인 관점입니다.

장애인에 대해서 불교적인 관점을 갖고 있다면 지금은 비록 장애가 있지만, 다음 생에는 더 나은 모습으로 태어나길 바랄 것입니다. 성경적인 눈이 열리지 않으면 장애는 마치 감추어야 할 부끄러운 부분처럼 여겨집니다. 그러나 장애인은 하나님께서 한몸을 이루는 원리를 가르쳐주시는 이들입니다. 연약한 지체를 더 귀히 여긴다는 말씀을 이루는 이들입니다. 연약한 지체를 귀히 여기므로 우리가 복을 받습니다. 그런데 대부분 이들을 도움을 주어야 할 대상으로 생각하지 교회 안에서 귀한 지체로 여기지 못합니다. 우리의 생각이 바뀌어야 기도가 달라집니다.

내가 복음을 부끄러워하지 아니하노니 이 복음은 모든 믿는 자에게 구원을 주시는 하나님의 능력이 됨이라 먼저는 유대인에게요 그리고 헬라인에게로다 복음에는 하나님의 의가 나타나서 믿음으로 믿음에 이르게 하나니 기록된 바 오직 의인은 믿음으로 말미암아 살리라 함과 같으니라 롬 1:16-17

우리가 복음을 듣고 알고 믿었는데 복음이 왜 우리에게 능력이 되지 않을까요? "내가 복음을 부끄러워하지 아니하노니"라는 부분에서 걸리기 때문입니다. 복음이 능력이 되려면 복음을 부끄러워하지 않아야 하는데, 우리는 복음을 부끄러워합니다.

"잠깐만요. 저는 복음을 부끄러워하지 않습니다"라고 항변하실 것입니다. 예수님은 우리가 잘못하고 죄를 지어도 우리를 택하신 것을 후회하신 적이 없습니다. 후회하지 않으신다는 말은 부끄러워하지 않으신다는 말입니다. 우리와 연합하여 우리를 자기 몸이라 하셨기 때문입니다. 그런데 우리는 복음을 부끄러워하지 않고, 예수님을 부끄러워하지 않는다고 말하면서도 예수님과 연합된 사람을 부끄러워할 때가 많습니다.

선한목자교회에는 장애인 부서인 사랑부가 있습니다. 처음 사랑부가 생겼을 때에는 그들이 잘 돌보고 섬겨야 하는 대상이었습니다. 그런데 시간이 지나면서 이분들이 있어야 몸이 완성되는, 없어서는 안 될, 몸 된 교회의 한 지체임이 분명해졌습니다. 지금은 거기서 더 나아가 이분들이야말로 하나님나라를 위해 너무나 중요한 사명을 감당하는 분들이라는 것을 깨닫게 됩니다.

저는 사랑부 부모님들과 만나 기도회를 할 때 가장 큰 은혜를 받습니다. 왜냐하면 항상 가난한 마음으로 모임에 오시기 때문입니다. 그 눈물을 통해 제 영혼이 씻기는 경험을 합니다. 같이 기도하면서 깊은 속내를 내놓다보니 처음 대부분의 솔직한 고백이 장애를 가진 자녀가 부끄럽다는 것이었습니다. 부모가 의사이고 변호사이고 외교관인데 아이에게 장애가 있으니 그 사실 자체가 자존심이 상하는 일이고, 아이가 밖에서 여러 사람의 눈살을 찌푸리게 하는 일들이 많다보니 이를 창피하게 여깁니다. 남들이 아이를 곱지 않은 시선으로 보는 것이 견딜 수 없다고 합니다. 여기저기서 눈물을 흘리며 이야기들을 나누는 가운데 한 어머니가 놀라운 간증을 했습니다.

4장 하나님의 생각과 하나 되는 기도

아들이 셋 있는데 큰아이가 장애인입니다. 아이가 창피해서 못 견디겠다고 해요. 물론 엄마가 그러니 다른 아들들로 그렇지요. 밖에 나가면 첫째가 지나가던 사람들을 만지기도 하니까 동생이 형이라고도 하지 않고 이름을 부르며 엄마 손 꼭 잡으라고 당부한다고 합니다. 또 그런 일이 생길 때마다 화를 냈다는 것입니다. 그런데 기도하면서 기도를 배우면서 엄마의 마음에 아들을 부끄러워하는 마음이 없어졌어요. 엄마의 마음이 놀랍게 회복되니 둘째가 형을 대하는 마음도 달라졌어요. 형이 자기 물건을 만진다고 물건을 감추고 방문도 잠그던 아이가 형과 같이 자기도 하고, 자기 장난감을 가지고 놀게도 하고 그런다는 거죠.

영적인 일은 영향력입니다. 내가 꺾어지고 내 안에 영적인 저항감들이 꺾어지면서 주님이 역사하기 시작하십니다. 이분들과 말씀을 나누고 기도하는데 갑자기 한국 교회가 생각나는 거예요. 뉴스에서 교회 이야기가 나올 때마다 가슴이 철렁합니다. 요즘 교인들, 특히 젊은 사람들은 자기가 교인이라는 것을 부끄러워합니다. 그 말인즉, 나는 뉴스에 보도되는 그런 부류가 아닌데 똑같은 취급을 당하는 게 싫다는 거지요. '우리 교회는 저런 교회와 달라'라고 생각합니다.

가족에 대해서도 마찬가지입니다. 크게 낙심이 되고 부끄럽게 여길 만한 일들이 일어날 때 부끄러워합니다. 그러나 아이들은 그때 봅니다. 부모를 의식적으로 시험하는 것은 아니지만 부모를 바라봅니다. 이렇게 사고를 쳐도, 이렇게 말썽을 부려도 나를 부끄러워하는지 안 하는지…. 우리가 교양과 인격으로 누르고 아무리 위장을 해도 아이들은 정확히 압니다. 그런데 부모가 자기를 부끄러워하지 않고, 있는 모습 그대로 용납할 때 마음이 열립니다. 99번 집을 나가도 문 앞에서 기다리고 있는 아버지, 그래서 무능해 보이는 아버지의 모습을 보며 복음을 마주하게 됩니다. 우리가 여전히 문제가 많은 사람들 속에서도 역사하시는 주님을 신뢰하고 기다릴 때 복음이 비로소 능력이 됩니다.

"나는 복음을 부끄러워하지 않아. 내가 부끄러워하는 것은 상황이고 사람일 뿐이야"라고 말합니다. 아닙니다. 주님이 생명으로 낳은 사람들을 부끄러워하는 것은 주님을 부끄러워하는 것입니다. 우리가 주 안에서 한몸이고, 교회의 머리가 주님이시라는 말씀을 부끄러워하는 것입니다. 우리 자신에 대해서도 마찬가지입니다. 여전히 넘어져서 "나 그리스도인 맞아?" 스스로 이런 질문을 할 수밖에 없지만, 그런 나를 부르셔서 "후회하지 않아. 부끄럽다 여기지 않아" 하시는 주님을 바라봐야 합니다. 나도 나 자신을 주님의 눈으로 바라봐야 합니다. 그것이 복음이며 복음의 능력입니다.

내가 기도하는 대상이 하나님을 알지 못해도, 내가 그를 부끄러워하지 않고 그가 나와 한몸이고 한 지체라고 받아들일 때 나와 연합하신 예수님께서 그와도 연합하실 수 있게 됩니다. 나를 통해 예수님의 생명이 나의 기도 대상자에게 흘러가게 됩니다.

4. 그러면 어떻게 성경적인 세계관으로 살 수 있을까요?

모든 생각을 사로잡아 그리스도께 복종케 하는 은혜를 하나님께 구하는 것입니다. 우리가 진리를 들은 상태에 머무르지 않고, 지식에까지 새로워져서, 진리에 대해 지적인 동의를 하는 것을 넘어 삶의 모든 가치관과 일상의 영역들의 기준이 예수 그리스도 한 분으로, 성경 말씀으로 다시 세워지는 것입니다.

> 너희는 이 세대를 본받지 말고 오직 마음을 새롭게 함으로 변화를 받아 하나님의 선하시고 기뻐하시고 온전하신 뜻이 무엇인지 분별하도록 하라 롬 12:2

마음을 새롭게 한다는 것은 구원의 진리에 동의하는 것이 아니라 우리 삶의 모든 가치관과 기준이 진리로 바뀌는 것입니다. 내 안에 있던 기존의 세상 가치관들을 몰아내고 성경적인 세계관을 갖게 되면 하나님의 뜻에 대한 분별이 우리 안에 생기게 됩니다.

빌립보서 2장 12절 말씀도 있지요. "그러므로 나의 사랑하는 자들아 너희가 나 있을 때뿐 아니라 더욱 지금 나 없을 때에도 항상 복종하여 두렵고 떨림으로 너희 구원을 이루라" 아멘. 이 말씀은 하나님께서 우리를 구원하신 것은 단번에 이루어진 일이지만, 그 구원이 실제로 내 삶의 모든 영역에서 실제가 되려면 생각과 감정과 의지와 습관이 날마다 말씀에 복종하는 일이 우리 안에서 있어야 한다는 것입니다. 거룩한 것이 따로 있고, 세속적인 것이 따로 있고, 일상이 따로 있고, 사역이 따로 있고, 이런 이분법적인 생각이 우리 안에서 극복되어야 합니다.

하나님은 천지를 창조하시고 우리에게 명령을 주셨습니다. 생육하고 번성하고 땅에 충만하고 다스리라는 것입니다. 우리는 이 명령을 어떻게 지키고 있습니까? 생육하고 번성하는 일도 힘들고 어렵다고 생각해서 안 하려고 합니다. 다스리는 일은 있을 수 없는 일처럼 생각합니다. 우리의 믿음이 교회 안에 머무르지 않고 생육하고 번성하여 이 땅에 충만하고 이 땅에 영향력이 되는 단계로 나아가야 합니다.

갈등과 충돌을 통해 성경적인 가치관이 내 것이 되어야 하고, 세상 속에서도 우리가 믿는 진리를 부딪쳐보아야 합니다. 세상은 우리에게 교회 안에 머무르라고 합니다. 우리의 기도가 온통 우리 자신과 내 교회에 머문다고 한다면 하나님의 온전하신 뜻이 어떻게 이루어질 수 있겠습니까. 내가 진리를 믿고 진리를 붙잡고 기도하며 진리를 살아내기 시작할 때 세상은 우리가 전하는 진리에 귀를 기울이게 될 것입니다. 세상의 모든 이론이 파해지고 견고한 진이 무너지려면 우리 안에서 먼저 우리의 생각, 스스로 옳다고 생각하는 것들을 사로잡아 그리스도께 복종하는 일이 필요합니다.

우리의 싸우는 무기는 육신에 속한 것이 아니요 오직 어떤 견고한 진도 무너뜨리는 하나님의 능력이라 모든 이론을 무너뜨리며 하나님 아는 것을 대적하여 높아진 것을 다 무너뜨리고 모든 생각을 사로잡아 그리스도에게 복종하게 하니 고후 10:4-5

우리가 그리스도 안에서 새로운 피조물이라는 것은 내가 예수를 믿었다고 고백하는 그것으로 끝나는 게 아니고, 정말 '새 사람'인 거예요. 마음의 감정, 생각, 의지 모든 영역에서 달라지는 것이 새 사람입니다.

그런즉 누구든지 그리스도 안에 있으면 새로운 피조물이라 이전 것은 지나갔으니 보라 새 것이 되었도다 고후 5:17

우리가 지식에까지 예수 그리스도로 새롭게 하심을 입어야 합니다.

새 사람을 입었으니 이는 자기를 창조하신 이의 형상을 따라 지식에까지 새롭게 하심을 입은 자니라 골 3:10

우리말 성경에는 시제가 분명하게 차이가 나지 않는데 영어성경으로 보면 새 사람을 입었다는 표현은 과거 완료형(have put on)을, 지식에까지 새롭게 하심을 입은 자라는 것은 진행형(is being renewed)을 쓰고 있습니다. 그러니까 모든 삶의 영역에서 새로워지는 일은 날마다 계속 되어가는 일입니다.

단단한 음식은 장성한 자의 것이니 그들은 지각을 사용함으로 연단을 받아 선악을 분별하는 자들이니라 히 5:14

선악을 분별하는 일은 하나님이 우리에게 주신 지각을 사용하여 진리를 분별하고 그 진리를 붙잡는 것입니다. "네 마음을 다하며 목숨을 다하며 힘을 다하며 뜻을 다하여 주 너의 하나님을 사랑하라"(눅 10:27)는 말씀대로 하나님을 사랑하는 것이 최고의 가치가 될 때 그 사랑이 강력한 힘이 됩니다.

그리고 모든 생각을 사로잡아 그리스도께 복종케 하는 은혜를 하나님께 구하는 것입니다. 그렇게 되면 하나님의 말씀은 우리의 모든 생각과 행동을 새로운 관점으로 보게 하는 안경 역할을 할 것입니다. 믿음과 삶의 분열을 낳는 이중적 진리관을 통합하고 온전한 관점을 회복할 때 비로소 복음이 세상에 영향을 끼치는 능력이 됩니다. 우리의 목표는 진리를 말로만 전하는 것이 아니라 삶의 각 영역에서 몸으로 살아내는 것입니다.

이제 다시 처음의 화두로 돌아가봅니다. 예수를 믿었는데 정치적인 입장이 다르고, 여러 가지 일에 대한 판단이 다를 때 내가 진리 안에 서 있는가를 점검해보는 일이 매우 중요합니다.

너무 안타까운 것은 내 생각, 근거를 성경에서 찾기 때문에 믿는 자들은 자기 생각이 곧 진리라고 여긴다는 것입니다. 그래서 그리스도인들이 오히려 서로 타협하거나 조정하거나 맞춰가려는 노력을 더 안 하려고 합니다. 중보기도자로 부름을 받은 것은 너무나 놀라운 일입니다. 기도로 하나님나라를 위한 일에 참여하기 때문입니다. 그러기 위해서는 기도자들의 생각이 새로움을 입어야 하고 그리스도께 복종하는 역사가 있어야 합니다. 서로 다른 생각을 존중하고 나라를 위해 기도할 때 비록 정치적인 입장이 다르더라도 나라를 위한 마음은 하나임을 서로 인정할 수 있어야 기도의 연합이 이루어지리라 믿어집니다. 이미 십자가로 다 허물어 놓으신 것들을 우리의 생각으로 제한하고 다시 막아서서는 안 되겠습니다.

중보기도팀에서 각 영역별 거점에 되는 지역으로 흩어져서 나라를 위해 기도했던 적이 있습니다. 정부, 국회, 언론, 다음세대를 위해서 기도하기로 했는데, 정부를 위한 기도팀은 용산으로 가서 기도했습니다. 그때 어느 남자 집사님은 아내를 태워다주기 위해서 같이 갔을 뿐, 자신은 이 정부와 대통령이 마음에 들지 않아 기도할 마음도 없었다고 했습니다. 그런데 같이 기도하던 중에 대통령이 진 무거운 짐이 느껴지며 긍휼한 마음이 들어서 대통령이 정치를 잘하고 나라를 잘 이끌도록 간절히 기도했다고 합니다.

나의 정치적인 입장과 견해가 달라도, 기도해야 할 대상들을 위해 기도하다보면 한 성령께서 같은 마음을 주십니다. 우리의 기준이 오직 성령의 진리가 되고, 그 기준 안에서 내 생각을 분별해볼 수 있다면, 예수 그리스도의 말씀의 안경으로 우리의 마음과 생각을 볼 수 있다면 우리에게서 나오는 기도와 기도 제목은 하나님의 마음과 합하여 실제로 변화를 일으키는 기도가 될 것입니다.

나의 유년 시절, 부모님, 자라온 환경, 학교, 성격 등 여러 가지를 돌아보는 시간을 꼭 가져보시기 바랍니다. 자신 안에 형성되어 있는 세계관을 알고, 그것을 진리의 렌즈로 다시 조정해보는 작업을 통해 나의 믿음을 점검해볼 수 있다면 문제를 놓고 기도하는 목표가 새롭게 조정되리라 생각합니다. 자신의 성격, 부모님, 학교에서 한 공부, 자기가 살았던 동네 등 여러 여정을 생각해보면 내 안에 들어온 세계관의 근거를 볼 수 있습니다.

기도로 변화를 일으키고 생명을 살리는 역사는 복음의 진리가 내 내면의 진리가 되고 내 삶을 바꾸는 믿음이 될 때 이루어집니다.

5장

이미 이루신 승리를 누리는 기도 : 영적 전쟁

저는 겁이 무척 많은 사람입니다. 어렸을 때 놀이 기구도 잘 못 타고 밤에 혼자 자는 것도 많이 무서워했습니다. 어느 여름날 밤에 TV에서 영화를 잠깐 보게 되었는데, 드라큘라 영화 비슷한 것이었어요. 괴물이 나타나자 어떤 사람이 십자가를 갖다 대었는데 괴물이 비웃으며 십자가를 든 사람을 잡아먹는 것이었습니다. 그러니 얼마나 무서웠겠습니까?

우리가 영적 전쟁에 대해서 생각하는 것이 전쟁영화나 공포영화 같은 수준은 아닌지요. 기도자들에게 영적 전쟁은 막연한 일이 아니라 실제입니다. 기도하는 자만이 영적 전쟁을 알 수 있고, 기도하는 자만이 그 전쟁에서 승리할 수 있습니다. 우리의 전쟁은 오직 기도로만 이깁니다.

죄악의 부흥과 성령의 부흥

우리는 놀라운 시대를 살고 있습니다. 어느 때보다 죄악이 부흥하고 있습니다. 입에 담을 수 없는 참담한 죄악의 소식을 날마다 수없이 많이 접하게 됩니다. 더 놀라운 것은 이제는 그러한 일들이 특정한 사람들이 아닌 우리의 이웃과 가족들에게서 일어난다는 것입니다.

예전에는 예수를 믿지 않더라도 사람들에게 보편적인 도덕적 기준이 있었습니다. 악한 일과 선한 일이 구분되었고, 넘지 말아야 할 선이 있었습니다. 가정의 울타리를 넘는 행위는 믿지 않는 사람에게나 믿는 이들에게나 있어서는 안 될 악한 일이었습니다. 그런데 지금은 사랑이라는 이름으로 자유의 범주에 들어가는 일이 되었습니다. 다른 사람에게 위해를 가하는 일로 죄책감을 느끼는 것이 아니라 희열을 느끼고 재미있어 하는 일이 어린 학생들에게서도 일어나고 있습니다.

또 하나는 놀라운 성령의 부흥의 소식입니다. 코로나 팬데믹으로 모일 수 없던 때가 지나고 집회와 기도 모임들의 문이 열렸습니다. 남편을 따라 여러 교회들을 방문하게 됩니다. 아직 코로나 이전의 교세를 회복하지 못하고, 교회가 침체되고 약해진 것 같다는 자조적인 이야기를 듣지만, 그래서 낙심이 되는 것이 아니라 소망이 생깁니다. 집회와 기도회의 분위기가 예전과 다른 것입니다. 간절함이 있고, 절망에서 일어나려고 하는 목마름이 있습니다. 뭔가 터질 것 같은 갈급함이 일렁이고 있습니다. 미국 애즈베리대학에서 일어난 부흥은 특별한 어떤 집회가 아니라 일상적인 채플, 평범한 예배를 통해 일어난 것이기에 더욱 소망이 됩니다.

죄악의 부흥과 성령의 부흥은 더욱 극명한 대조를 보입니다. 원래 중간 지대라는 것은 있을 수 없는데, 예전에는 마치 중간 지대가 있었던 것처럼 보였다면 지금은 분명하게 어느 편인지를 선택하라고 말하는 것 같습니다.

이렇게 두 편이 완전히 다르니 세상 한복판에 살면서 예수를 믿는 성도들에게는 필연적으로 갈등이 있게 됩니다. 우리는 그것을 영적 전쟁이라고 부릅니다.

영적 전쟁은 성도의 일상이다

앞부분의 내용을 잠시 복습해볼까요? 왜 기도해야 합니까? 첫 번째는 하나님께서 이 세상을 다스리시는 일에 우리의 기도를 통해 일하시기로 작정하시고, 우리의 기도에 스스로를 제한하셨고(마 18:18-19), 두 번째는 하나님과의 사랑의 관계를 누리기 위함입니다(요 15:7-11). 세 번째가 바로 영적 전쟁이 있기 때문입니다.

하나님과 우리 사이만 있는 것이 아니라 사탄이 하나님의 역사가 이 땅에서 이루어지는 것을 끊임없이 방해하기 때문에 기도가 필요합니다. '영적 전쟁'이라는 용어를 쓰기 때문에 우리의 머릿속에는 '전쟁'이라는 개념이 떠오릅니다. 그런데 영적 전쟁은 보이지 않는 전쟁이기에 실제로 매일 일어나고 있고 매일 겪으면서도 우리가 그 심각성을 잘 모르거나 놓치고 지내게 됩니다.

남편인 유기성 목사의 제자훈련교재에 나오는 예화인데, 실제로 있었던 일입니다. 어느 집사님이 자기는 회사 일도 힘들고 가

정도 어려우니, 이 전쟁에서 빼달라고 했다는 것입니다. 우스갯소리 같지만, 성도들 중에는 전쟁의 때와 전쟁이 없는 때가 구별된다고 생각하는 이들이 많이 있습니다. 그래서 어려운 일이 있으면 전쟁 중이고, 어려운 일이 없어 보일 때는 전쟁이 끝났거나 휴전 중이라고 생각하는 것입니다. 아닙니다. 영적 전쟁은 우리 눈에 보기에 어떠하든지 주님 다시 오실 때까지 계속되는 것입니다. 우리의 일상 속에서, 내 마음 깊은 곳에서, 또한 어떤 영역에서 계속되고 있습니다.

우크라이나 전쟁의 상황을 생각해보십시오. 그 상황이 오랜 기간 지속되다보니 기도하다가도 놓치게 되고, 잊고 지내기도 합니다. 그러나 우크라이나 국민들은 포탄이 터지거나 공습이 없는 날에도 여전히 전쟁 속에 있습니다. 그 안에서 전쟁이 끝나기만을 기다리지 않고 일상을 살아갑니다. 학교도 가고, 결혼도 하고, 아이도 낳습니다. 그러면서 전쟁이 종식될 그날을 기다립니다. 그러나 전쟁 중인 것을 잊지는 않습니다. 아니 잊을 수가 없는 실제 상황이기 때문입니다. 예수님을 믿는 그리스도인들에게 영적 전쟁은 우리의 일상입니다.

1. 무엇을 영적 전쟁이라 하나요?

❶ 그리스도인 안에 예수님의 성품이 이루어지는 과정 속에서 사탄이 가로막는 것을 대적하여 싸우는 것입니다.

외적인 싸움보다 더 중요한 싸움은 내면의 싸움입니다. 내면의 승리 없는 외적인 승리는 금방 무너져버리기 때문입니다. 마귀는 습관적인 죄(음란, 거짓말, 도둑질, 혈기)와 두려움과 염려, 낙심, 우울, 교만 등의 감정으로 우리를 넘어지게 만듭니다.

기도자의 특징은 절대 거짓말할 수 없는 자라는 것입니다. 기도하면서 거짓말한다면 마귀에게 승리를 내어주고 전쟁에서 이기려고 하는 것과 같습니다. 기도해보면 알지만, 죄짓는 일과 진실한 기도는 병행할 수 없습니다. 낙심이나 우울감 등은 사람에게 자연스럽게 들어오는 감정이지만, 그냥 허용해서는 안 됩니다. 스쳐 지나가도록 해야지 자연스러운 일로 받아들여서 마음에 자리잡게 만들어서는 안 됩니다.

우리의 경험은 성질대로 예수도 믿는 것이고, 타고난 성격은 절대로 바뀌지 않는다는 것입니다. 그러나 진리는 예수 생명으로 거듭난 자는 바뀌지 않은 성격대로 살 수 없다는 것입니다. 거듭난 사람은 죄의 종이 아니라 예수님의 종이기 때문에 자기 성격대로 살지 못하고 주님의 다스림을 받아 하나님이 주시는 성품대로 살게 됩니다. 항상 자신의 내면을 주의 빛으로 조명하여 보고 주의 보혈로 씻음을 받습니다. 마귀는 마음이 중요한 것을 알기 때문에 마음에 죄를 품게 만들고, 육신을 따라 살게 만듭니다.

기도자들이 제일 크게 낙심하게 되는 경우는 내적 싸움에서 졌을 때입니다. 기도를 많이 하고 난 다음 혈기에 무너지기도 하고, 기도를 열심히 했는데 오히려 나빠지는 상황에 낙심하기도 합니다. 내적 싸움에서 지고 나면 다시 기도할 힘을 얻기가 힘듭니다. 그래서 잠언에서 "모든 지킬 만한 것 중에 더욱 네 마음을 지키라 생명의 근원이 이에서 남이니라"(잠 4:23)라고 했습니다.

저도 기도를 많이 한 날인데도 여지없이 무너지는 경험을 할 때가 있었습니다. 새벽기도를 마치고 집에 와서 아이를 학교에 보내면서 혈기를 부리기도 했습니다. 그런 날은 너무 속상해서 울며 '나는 안 되는가보다'라고 좌절했습니다. 그러나 그렇게 기도했기 때문에 넘어진 순간에 깨닫게 되고 바로 돌이킬 수 있었다는 것을 깨달았습니다.

처음에는 혈기를 부리고도 무감각하거나 오히려 상대방 때문이라고 더 화를 내다가, 그다음에는 넘어진 후에 깨닫게 되고, 나중에는 넘어지기 전에 깨닫게 됩니다. 그러면 화낼 일이 아니고 기다릴 일이라는 것이 깨달아져서 평온합니다. 화를 안 내는 것과 화가 나지 않는 것은 다릅니다. 그런 다스림을 받는 것이 바로 성령의 열매를 맺는 것입니다. 영적 전쟁에서의 승리는 큰 목소리로 기도하는 것이 아니라 예수님의 성품이 열매로 맺히는 것입니다.

우리는 마음을 지키는 것과 더불어 입술을 지켜야 합니다. 우리의 입술의 고백을 하나님도 들으시고 마귀도 듣고 말하는 우리자신도 듣습니다. 그래서 믿음의 말은 놀라운 영적인 힘이 됩니다. 믿어져서 믿음의 말을 하기도 하지만, 믿어지지 않는 상황에서도 믿음으로 먼저 고백하고 선포하면 선포한 기도대로 믿음이 일어납니다.

기도하다보면 메마른 골짜기를 지나가는 때가 있습니다. 깊은 좌절과 낙심의 때입니다. 그때에도 여전히 함께 계시는 주님은 변함이 없으시니, 믿음으로 고백하고 찬송하고 나아가면 마귀가 쫓겨 나갑니다. 다윗은 주님께서 "내 손을 훈련시켜 전쟁에 익숙하게 하셨고, 내 손가락을 단련시켜 전투에도 익숙하게 하셨다"(시 144:1 새번역)라고 고백합니다. 전쟁을 치르는 법을 어떻게 가르치셨습니까? 다윗은 뒤이어서 "주님이 나의 반석, 나의 요새, 나의 산성, 나의 구원자, 나의 방패, 나의 피난처"(시 144:2 새번역)라고 고백합니다. 우리에게 이길 수 있는 방법은 오직 예수 그리스도이십니다. 그분이 우리의 전쟁의 방법이시고 승리이십니다.

마귀가 역사하는 발판은 상처와 죄입니다. 그러므로 언제나 정결한 마음이 되는 것이 기도자에게 가장 중요합니다. 아무리 죄가 크고 무거워도 죄를 회개하여 정결함을 누리면 기도가 담대해집니다.

우리가 예수의 피를 힘입어 성소에 들어갈 담력을 얻었나니 히 10:19

우리가 하나님 앞에 나아갈 때 담대함을 얻는 것이 능력입니다. 너무나 많은 중보기도자들이 죄 없는 정결함을 구하면서도 과거의 상처에 묶여 앞으로 나아가지 못합니다. 그러므로 상처에 묶여 있는 마음과 관계를 푸는 것이 영적 전쟁에서 이기는 지름길입니다. 상처 입은 마음이 시선을 왜곡시켜서 기도의 제목을 대할 때 굽은 마음으로 대하게 만들기도 합니다.

우리의 마음은 주 예수님이 거하시는 곳입니다. 그래서 마귀는 우리의 마음을 선점하려고 합니다. 마음을 지키는 것이 필요합니다. 악한 영을 대적한다고 하면서 사람에 대한 미움과 원망을 품고 있으면 그 기도가 어떻게 하나님께로 나아갈까요? 그런데 마귀는 우리의 상처 입은 마음이 악한 영의 역사와 그 도구가 되는 사람을 구별하지 못하게 만듭니다. 영적으로 마귀를 대적한다고 기도하면서 자신의 마음은 오히려 미움에 사로잡혀 있는 경우를 봅니다. 마귀를 미워하지만, 사람을 바라보는 마음은 사랑이어야 정상입니다.

그러나 너희 마음 속에 독한 시기와 다툼이 있으면 자랑하지 말라 진리를 거슬러 거짓말하지 말라 이러한 지혜는 위로부터 내려온 것이 아니요 땅 위의 것이요 정욕의 것이요 귀신의 것이니 약 3:14-15

영적 전쟁을 한다고 귀신을 내쫓고 마귀를 대적하는 기도를 많이 하는 이들을 보면, 기도를 많이 하는데도 의외로 심령이 메마른 것을 보게 됩니다. 이유는 마귀만 바라보았지 역사하시는 하나님을 바라보고 그 마음 안에 거하지 않았기 때문입니다. 사람은 자기가 바라보는 대상을 닮게 되어 있습니다. 우리가 영적 전쟁을 치르면서도 메마르지 않고 사랑 안에 거하는 비밀은 우리가 오직 예수님 안에 있을 때입니다.

그래서 기도를 많이 하면 예수님을 닮은 성품으로 변하게 되어 있습니다. 우리의 성품을 정직하게 돌아봅시다. 기도를 열심히 하는데 여전히 태어난 성품 그대로 살고 있다면 자신의 기도를 점검해봐야 합니다. 나 자신을 바꾸실 주님을 의지하고 사탄이 주는 마음과 반대 정신으로 나아가면 주님이 우리 안에서 열매를 맺으실 것입니다.

기도를 가로막는 악한 영의 역사는 우리 마음에서 수시로 일어납니다. 육신이 피곤할 때, 마음에 낙심이 올 때, 기도해도 상황이 바뀌지 않을 때 그렇습니다. 그 마음을 이기고 일어나는 것이 필요합니다. 한 번 꺾인 시간이 길어지면 회복의 시간은 더욱 길어집니다. 그러므로 기도하기 싫을 때, 기도가 안 될 때 그것이 나의 기도를 꺾으려고 마음에 들어오려는 사탄의 역사임을 깨닫고 경계하면 기도가 오히려 일어납니다. 기도를 형편과 여건대로 해서는 절대 안 됩니다. 사실은 기도가 안 될 때 더 기도해야 합니다.

　　　　　　　　　5장 이미 이루신 승리를 누리는 기도

❷ 모든 사람을 구원하고, 하나님의 나라가 이 땅에 이루어지는 것을 방해하는 사탄의 모든 공격에 대항하여 주 예수 그리스도의 이름으로 대적하고 싸우는 것입니다.

이 말을 다른 말로 하면, 우리의 기도의 목표는 마귀를 대적하는 데 있는 것이 아니라 하나님나라가 이 땅에 이루어지는 것을 향하여 나아가는 것입니다.

또 내가 네게 이르노니 너는 베드로라 내가 이 반석 위에 내 교회를 세우리니 음부의 권세가 이기지 못하리라 마 16:18

내가 네게 큰 복을 주고 네 씨가 크게 번성하여 하늘의 별과 같고 바닷가의 모래와 같게 하리니 네 씨가 그 대적의 성문을 차지하리라 창 22:17

"음부의 권세가 이기지 못하리라"란 "사탄의 왕국의 대문이 이기지 못하리라"는 것입니다. 영적 전쟁의 그림이 분명해야 합니다. 지금도 마귀가 우리를 공격하는 것처럼 보이지만, 전체 그림은 원수 마귀가 우리 땅을 점령하려고 공격하는 것이 아니라 자기의 땅을 빼앗기지 않으려고 공격하는 것입니다. 기도자의 사명은 사탄의 왕국을 공격하는 것입니다. 어둠의 왕국, 사탄의 왕국의 대문을 깨뜨리면서 그 안으로 공격해 들어가는 것입니다. 여호수아가 가나안을 점령해 들어가는 모습이 기도자들이 할 일을 가장 잘 보여주는 것입니다. 최고의 수비는 공격이라는 말이 있습니다. 마귀의 역사를 막아서는 최선의 방어는 적극적으로 공격하여 들어가는 것입니다.

> 이는 마귀가 자기의 때가 얼마 남지 않은 줄을 알므로 크게 분내어 너희에게 내려갔음이라 하더라 계 12:12

사탄은 하나님나라가 이 땅에 이루어지는 것, 모든 사람이 구원을 받는 것을 방해하고자 교회와 가정을 총체적으로 공격합니다. 하나님은 이 땅에 두 개의 천국을 주셨습니다. '가정과 교회'입니다. 이 가정과 교회가 권위에 거역하고 분열하여 하나됨과 사랑의 연합이 깨지게 만드는 것이 사탄의 목적입니다. 하나됨이 깨어지면 가정이나 교회나 천국이 될 수 없기 때문에 공격합니다. 특히 가정과 교회가 깨어지면 기도자들이 힘을 쓸 수 없기 때문에 공격합니다. 가정에서 부부 사이에 거룩함을 잃지 않아야 합니다. 마귀는 온전한 헌신이 아닌 조건적 계약 관계로 부부 사이를 변질시키려고 합니다. 교회도 마찬가지입니다. 거룩함을 잃지 않아야 하고, 하나됨이 깨어지지 않아야 합니다.

이 마지막 때를 살아가는 우리에게 필요한 것이 무엇입니까? 사방에서 공격하는 이 때에 어떻게 우리의 영혼이 강건하고, 나뿐만 아니라 모두를 세워서 함께 어린양 되신 예수 그리스도의 길로 나

5장 이미 이루신 승리를 누리는 기도

아 갈까요?

2. 영적 전쟁에서 승리를 누리는 길

영적 전쟁에서 승리하는 비결은 하나님께 대한 완전한 신뢰, 완전한 믿음에 있습니다. 잘되는 일이 하나님의 섭리 안에 있다면, 안 되는 일도 하나님의 손 안에 있음을 믿는지요? 모든 상황 속에서 주님의 선하심을 믿는 믿음이 영적 전쟁에서 승리하는 비결입니다.

영적 전쟁은 세상의 전쟁과 너무 다릅니다. 세상에서의 싸움은 힘을 써야 하지만 우리의 싸움은 혈과 육의 싸움이 아니기 때문에 힘을 빼야 합니다. 주 안에 거함으로 주님이 나를 통해 역사하셔야 합니다. 기도자들이 전투 태세를 갖추고 영적 전쟁에 달려들기 이전에 충분히 주 안에 거해야 합니다.

중보기도자인 사모님들과 매일 말씀기도를 하는데, 그 날의 본문이 시편 110편이었습니다. 원수를 무찌르기까지 피투성이가 되도록 싸우라고 하시지 않고 앉아 있으라고 하신 1절 말씀에 제 눈길이 머물렀습니다.

여호와께서 내 주에게 말씀하시기를 내가 네 원수들로 네 발판이 되게

하기까지 너는 내 오른쪽에 앉아 있으라 하셨도다 시 110:1

그래서 사모님들에게 우리의 영적 싸움은 하나님의 우편에 앉아 안식을 누리는 것부터 시작해야 한다고 나누었습니다. 나누고 기도하는 중에 한 사모님이 이렇게 이야기하셨습니다. 주님이 그 사모님에게 "너 충분히 서 있었어. 이제는 앉아 있어", "힘내"가 아니라 "힘 빼"라고 하셨다는 것입니다. 그렇습니다. 우리는 항상 격려하며 힘내라고 응원합니다. 그런데 주님은 "내가 다 할 테니 너는 힘을 빼라"고 하십니다.

그러므로 너희가 그리스도와 함께 다시 살리심을 받았으면 위의 것을 찾으라 거기는 그리스도께서 하나님 우편에 앉아 계시느니라 골 3:1

또 함께 일으키사 그리스도 예수 안에서 함께 하늘에 앉히시니 엡 2:6

주 안에서 안식을 누리는 것, 주님과의 연합을 확인하는 것이 우리가 할 준비의 모든 것입니다. 내가 싸우는 것이 아니라 주님이 싸우시는 것이기 때문입니다.

❶ 전쟁의 핵심은 싸워서 이기는 것이 아니라 싸우지 않고 이기는 것입니다.

열왕기하 6장 8-23절의 말씀은 우리가 너무나 잘 아는 말씀입니다. 아람 군대가 도단 성을 두르고 공격하려고 할 때, 엘리사의 종 게하시가 두려워서 선생님께 상황을 고하자 엘리사가 종의 눈을 열어줍니다. 종이 영안이 열려서 바라보니 아람 군대가 성을 두르고 있지만, 그 군대를 두르고 있는 하나님의 불말과 불병거가 가득한 것입니다.

이 본문은 영적 전쟁을 마치 그림처럼 보여주는 말씀입니다. 이 말씀은 세 종류의 사람이 있음을 말해주고 있습니다. 자신을 두르고 있는 악한 영의 역사를 깨닫지 못하고 있는 사람, 자신을 두르고 있는 악한 영의 역사를 보고 두려워하는 사람, 그 악한 영을 이미 이기신 예수 그리스도의 승리를 볼 수 있는 사람입니다. 중보기도자들은 악한 영의 역사를 알고 있지만 그 악한 영을 이기신 예수 그리스도와 함께하는 사람들입니다.

우리 몸 안에서는 하루에도 수만 개의 나쁜 세포들이 만들어졌다가 사라진다고 합니다. 몸의 면역체계가 강하고 건강하면 나쁜 세포들이 끊임없이 일어났다가도 사라지지만, 몸이 나쁜 세포들을 막아내지 못하면 독버섯과 같은 암세포들이 좋은 세포들을 잡아먹고 힘을 얻어 몸 전체를 지배하려고 할 것입니다.

우리는 몸 안에서 이런 전쟁이 날마다 매 순간 일어나고 있는데도 인식조차 하지 못하고 하루를 살아갑니다. 영적으로도 마찬가지입니다. 수많은 일들이 우리를 넘어뜨리려고 공격하지만, 우리가 영적으로 든든하면 마귀의 공격인 것도 알지 못한 채 그냥 지나가고, 우리가 민감하지만 연약하다면 영적 공격에 속절없이 넘어질 것입니다.

그러므로 영적으로 강건한 사람이 되는 것이 너무 중요합니다. 성경 본문을 보면 싸우지 않고 이기는 장면이 나옵니다. 엘리사 한 사람으로 인해 이스라엘은 전쟁을 치르지 않고 이겼습니다. '우리에게 엘리사 같은 분이 계시면 얼마나 좋을까, 나도 엘리사처럼 모든 것을 알고 알려드릴 수 있으면 얼마나 좋을까' 하는 생각을 해보게 됩니다.

그런데 주님이 깨닫게 해주시기를 '엘리사 한 사람'이라는 것이었습니다. '엘리사'에 방점이 있는 것이 아니라 '한 사람'에 있었습니다. 이스라엘 군대 전체가 아니라 하나님이 마음대로 쓰실 수 있는 한 사람이 초점입니다. 왜냐하면 하나님이 그를 세우신 것이 승리의 핵심이기 때문입니다. 엘리사의 능력은 날마다 주님의 지시를 받은 데 있었으니까요.

❷ 피투성이가 되도록 싸우지 않고 이기는 길은 '날마다'로 이루어집니다.

군인들은 매일 훈련을 합니다. 전쟁이 일어날 것을 대비해서 하는 것입니다. 그런데 매일 훈련하고 무기도 다 갖춰놓았는데 전쟁이 일어나지 않았다면 가장 훌륭한 군대입니다. 매일 훈련하고 무기도 다 갖춰놓았는데 전쟁이 일어나지 않았다면 그것은 아까운 것이 아니라 가장 잘 이긴 것입니다.

TV에서 첼리스트 장한나 씨를 인터뷰하는 프로그램을 봤습니다. 지금은 지휘자로 활동하고 있더군요. 지금도 매일 연습을 하느냐는 질문에 이렇게 대답했습니다. 하루 연습하지 않으면 내가 알고, 이틀 연습하지 않으면 비평가들이 알고, 삼 일을 안 하면 온 세상이 다 안다고 하였습니다. 싸움은 나 자신과의 싸움입니다. '24시간 주님을 바라보자'는 말씀과 쉬지 않는 기도는 뗄 수 없는 하나입니다.

영적 전쟁은 어떤 사건을 해결해야 하는 프로젝트가 아니라 우리의 삶 자체입니다. 우리는 이미 우리의 편을 정했고, 그래서 이미 전쟁 한복판에 있는 것입니다. 핵심은 어떻게 그 전쟁을 수행하느냐입니다. 우리는 전쟁을 빨리 끝내기를 기대합니다. 그러나 우리가 싸우는 싸움은 하나님나라 갈 때까지 계속됩니다. 우리가 그렇다고 여기느냐 아니냐의 차이일 뿐입니다. 전쟁을 빨리 끝내고 편안을 누리려고 하니까 더 어려워지는 것입니다.

영적 전쟁의 핵심은 끝내는 것이 아니라 늘 이기는 것입니다. 전쟁이 끝나기만 속절없이 기다리는 사람은 아무것도 못할 것입니다. 그러나 우리는 그 속에서도 행복하고 충만하고 강건하게 사는 법에 어렴풋이나마 눈이 뜨였습니다. 그래서 그런 삶을 주변에 권하는 것이지요.

예수님이 "내가 곧 길이요 진리요 생명이니"라고 하셨으니까 지뢰가 묻힌 길이라도 그 사이를 걸어가는 것입니다. 날마다 강건함을 누리는 것이 중보기도자들의 축복이고 사명입니다.

3. 기도로 영적 전쟁을 치르는 중보기도자가 할 일

기도로 영적 전쟁을 수행하는 일은 마치 엘리사가 본 그림을 엘리사의 종에게 열어준 것과 같이 중보기도를 통해서 사람들에게 열어주는 것입니다. 세상 사람들, 기도하지 못하는 사람들은 마치 아람 군대가 두르고 있어도 알지 못한 채 평안하다 생각하고 먹고 마시는 일에 전념하여 살 것입니다. 예수를 믿지만 기도를 제대로 하지 못하고 사는 사람들은 어려운 일이 생길 때 마치 성을 두르고 있는 아람 군대만 본 종처럼 두려워할 것입니다. 하나님을 신뢰하는 기도자는 그 아람 군대를 두르고 있는 천군 천사를 보는 것입니다.

하나님의 사람은 문제를 놓고 씨름하지 않고, 하나님께로 가지고 나아가 해결의 지혜를 구하는 자이며, 하나님이 가르쳐주시는 대로 인도함을 받는 자입니다. 중보기도는 마치 엘리사가 게하시의 눈을 열어주는 것과 같은 일입니다. 하나님을 믿으면서도 염려에 사로잡혀 있는 이들을 풀어주는 것입니다.

자녀를 위해 기도하는 것이 중요합니다. 그런데 자녀가 빨리 방황을 끝내고 돌아오기를 기도하다보면 지칩니다. 기다림의 시간이 길어지니 낙심이 됩니다. 그러나 아람 군대가 도단 성을 두르고 있지만 그 군대를 두르고 있는 천군 천사를 보도록 이끌어주면 그 눈이 열려서 근심 걱정이 떠나갑니다.

원수는 단순히 전쟁의 상대편이 아니라 하나님의 구원 계획을 꺾으려는 마귀의 역사입니다. 사실 우리의 전쟁은 싸움이 아닙니다. 하나님이 행하시는 것을 보는 것입니다. 이 눈이 열리면 우리가 싸워야 하는 대상은 마귀, 귀신이 아닙니다. 그가 이루려고 하는 것, 하나님의 구원의 계획을 가로막는 일들이 꺾이기를 기도해야 하는 것입니다.

예를 들면, 교회에 나가는 것을 반대하는 남편이 있다고 합시다. 그럼 우리가 싸울 대상은 남편이 아니라 남편을 통해 역사하려고 하는 마귀라는 것은 아시지요. 그런데 그 마귀가 원하는 것은 아내가 교회에 가지 못하게 하는 것이 아니라 그 일로 인해 하나님의 구원의 계획이 꺾이는 것입니다. 그러니 남편이 방해하지 못하도록 하는 데 초점을 둘 것이 아니라 그렇게 주(主)의 일들을 방해하고 있는 남편을, 사랑스럽지 않지만 더욱 사랑하고, 그 영혼을 불쌍히 여기는 기도까지 나아가야 승리하는 기도인 것입니다.

이것이 바로 영적 전쟁을 수행하는 중보기도자들의 기도입니다. 하나님의 구원의 계획이 모든 영혼들에게 이루어지는 것입니다. 그냥 교회만 다니는 것이 아니라 '나는 구원받았어. 천국 티켓 받았지'라고 생각하는 모든 이들의 믿음을 일깨워 주님께 꼭 붙어서 24시간 주님과 함께 살도록 기도로 섬기는 일입니다. 우리는 오늘을 사는 대로 내일을 살 수밖에 없는 존재이기에 그러합니다. 오늘 주님께 꼭 붙어서 24시간을 살지 못하면 나를 두르고 있는 아람 군대의 존재를 알아도 아무것도 할 수 없기 때문입니다. 그 기도는 영혼을 찾아오는 일이며 영혼을 생명으로 세우는 일이기에 영적 전쟁입니다. 우리는 반드시 이미 승리한 전쟁을 승리로 누려야 하는 것입니다.

우리가 이 일을 어떻게 할 수 있어요? 내 눈도 아직 안 열렸는데 누구의 눈을 열어줍니까? 그래서 눈을 열어달라고 구하는 것입니다. 어떤 것을 보는 눈이 열리는 것입니까? "이미 이겼다", "나는 승리의 편에 선다", "순종한다" 하는 것입니다.

❶ "우리는 이미 이겼다"라고 선포합니다.

이미 이겼다는 근거는 무엇입니까? 그렇게 믿자는 것이 아닙니다. 때때로 힘들고 어려움이 있지만 분명한 것은 우리는 이미 이긴 전쟁을 싸우고 있다는 것입니다. 마귀의 세력이 아무리 강해 보여도 그들은 이미 예수 그리스도께서 십자가의 죽음과 부활을 통해 사망의 권세를 이기셨습니다. 십자가가 그 증거입니다.

우리를 거스르고 불리하게 하는 법조문으로 쓴 증서를 지우시고 제하여 버리사 십자가에 못 박으시고 통치자들과 권세들을 무력화하여 드러내어 구경거리로 삼으시고 십자가로 그들을 이기셨느니라 골 2:14-15

그러므로 우리는 여전히 육신을 입고 살지만, 그리스도와 연합함으로 예수님과 함께 죽고 이제는 예수 그리스도의 생명으로 사는 자가 되었기 때문에 성도는 이미 이긴 자로서 이 땅에서 사는 것입니다.

그러므로 우리가 그의 죽으심과 합하여 세례를 받음으로 그와 함께 장사되었나니 이는 아버지의 영광으로 말미암아 그리스도를 죽은 자 가운데서 살리심과 같이 우리로 또한 새 생명 가운데서 행하게 하려 함이라 만일 우리가 그의 죽으심과 같은 모양으로 연합한 자가 되었으면 또한 그의 부활과 같은 모양으로 연합한 자도 되리라 롬 6:4-5

그리스도께서 이기셨지만 우리가 육신을 입고 살기 때문에 사탄의 공격을 받고 영적 전쟁을 하고 있습니다. 성도들 중에는 사탄의 공격에 대해서 그리스도의 승리에만 초점을 두고 마귀의 실체를 무시하는 경향이 있기도 하고, 우리의 약함으로 인해 겪는 실제 상황에만 초점을 두고 그것을 지나치게 강조하는 경향이 있기도 합니다. 둘 다 바람직한 태도가 아닙니다. 오히려 마귀는 우리가 극단으로 나아가기를 원할 것입니다.

사도 바울이 "나는 날마다 죽노라"(고전 15:31)라고 고백한 것과 같이, 예수 그리스도의 십자가와 진리의 말씀을 붙잡는 일이 매 순간 필요합니다. 승리한 영적 전쟁을 실제 내 삶에서도 누리기 위해서 우리가 매일 기도로 선한 싸움을 싸우는 것입니다. 주님과의 관계가 생생한 실제가 아니라면 성경에서 읽은 말씀이나 설교 시간에 들은 말씀이 곧 나의 믿음은 아니기 때문입니다.

기도는 예수 그리스도의 복음의 능력이 실제로 증명되는 사건입니다. 시험이 와도 기도하고 있는 동안에는 시험을 분별할 수 있고, 결국 시험을 이깁니다.

또한 하나님의 사랑이 증거입니다.

우리가 아직 죄인 되었을 때에 그리스도께서 우리를 위하여 죽으심으로 하나님께서 우리에 대한 자기의 사랑을 확증하셨느니라 롬 5:8

하나님은 독생자를 주시기까지 우리를 사랑하십니다. 우리와 늘 함께하십니다. 다윗은 믿었습니다. "하나님이 이기게 하신다!"

하나님께서 정말 자신을 원수의 손에서 구원하시고, 이기게 하신 다고 믿었기 때문입니다. 자신이 기도하는 문제에 대해서 눈에 보이는 상황에 흔들리지 않을 수 있는 유일한 길은 예수님이 십자가에서 증명하신 하나님의 사랑입니다.

❷ "나는 승리자의 편이다"라고 선포합니다.

온전히 하나님 편에 서 있을 때 영적 전쟁에서 승리를 누리게 됩니다.

어떤 사람은 병거, 어떤 사람은 말을 의지하나 우리는 여호와 우리 하나님의 이름을 자랑하리로다 시 20:7

하나님이 어떤 하나님이십니까? 환난 날에 부를 수 있는 하나님이십니다. 어려운 일을 당하면 그동안 내가 살아온 삶이 나를 정죄합니다. 하나님 앞으로 나아가지 못하게 합니다. 그런데 다윗은 환난 날에 응답하시는 하나님이신 것을 너무 분명하게 믿었습니다. 그 근거는 오직 여호와 하나님의 이름을 자랑하고 살았기 때문입니다. 우리가 승리자의 편에 서면 하나님이 확신을 주십니다.

그가 모든 사람을 대신하여 죽으심은 살아 있는 자들로 하여금 다시는 그들 자신을 위하여 살지 않고 오직 그들을 대신하여 죽었다가 다시 살아나신 이를 위하여 살게 하려 함이라 **고후 5:15**

❸ **"나는 순종한다"라고 선포합니다.**

순종은 주님이 지시하시는 대로 따르는 일입니다. 이 일은 마귀와 반대 정신으로 싸우는 길입니다.

첫 번째는 회개입니다. 정결한 곳에 더러운 마귀가 설 수 없습니다. 두 번째는 연합입니다. 갈라진 틈이 있으면 아무 힘을 쓸 수가 없습니다. 도저히 하나가 될 수 없는 이들이라 여겨지더라도 한 가족이고 한몸이라면 연합하는 것입니다. 마지막으로 주님께서 하라고 하시는 대로 즉시 순종하는 것입니다.

어느 주일 밤, 기도 시간에 기도하는 중에 갑자기 어떤 분에게 돈을 보내라는 마음을 주시는데 즉시 순종하자는 마음이 들어서 아침까지 기다리지 않고 그 밤으로 돈을 보냈습니다. 보내고 나서 기도하는데 너무 마음이 이상한 거예요. 분명히 영적인 세계에서 무슨 일이 일어나고 있는 것 같았어요.

제가 보낸 돈을 받은 집사님은 자신도 어려운 형편이었지만 어느 사모님에게 돈을 보내기 위해 하나님께 3일째 구하고 있었어요. 그러면서 이렇게 기도했다는 것입니다. "하나님, 제게 주시지 않아도 괜찮아요. 제가 재정을 잘못 관리해서 모든 재산을 잃었으니 제 잘못이 큽니다. 그러니 제게 재정을 허락하지 않으셔도 할 말이 없습니다." 이런 기도를 드리고 있는데 제가 보낸 돈이 도착한 알림이 울린 거예요. 집사님은 돈을 받고서 하나님이 자신의 기도를 듣고 계신다는 것을 깨닫고 감사했을 뿐 아니라 자신 안에 있는 낙심을 해결해주시고자 하는 하나님의 마음을 보았습니다. 집사님은 너무 놀라워서 자기가 기도했던 사모님에게 바로 송금을 했다고 합니다. 마침 그 시간에 그 사모님도 기도하고 있었대요. "하나님, 더 이상은 못하겠어요. 안 하고 싶어요. 떠나고 싶어요." 그 순간에 집사님으로부터 연락이 온 거지요. '하나님이 내 기도를 다 듣고 계시는구나. 다 보고 계시고 응원하시는구나' 싶어서 사모님도 낙심이 떠나가고 기도가 회복되었어요. 밤 12시에 이 이야기를 나누면서 제가 얼마나 소름이 돋았는지 몰라요.

비록 아무것도 아닌 작은 순종이지만 '즉시 순종'을 통해 주님은 두 명의 기도의 사람을 마귀가 준 낙심에서 일으키셨어요. 돈이 일으킨 것이 아닙니다. 하나님이 지금 내가 기도하는 것을 정확히 듣고 보고 계신다는 것을 깨달은 경외심이 일으켜낸 것이지요.

중보기도자들의 기도의 목적은 마귀와의 싸움이 아닙니다. 하나님의 거룩한 임재 안에서 나도 하나님을 날마다 새롭게 경험하고, 내가 기도하고 섬기는 이들에게서도 그 역사가 일어나도록 하는 것입니다. 우리가 알지 못하는 사이에 영적인 세계 속에서는 순종을 통해 얼마나 많은 일들이 이루어지고, 우리의 불순종 때문에 또 얼마나 많은 일들이 이루어지지 않았는지 모릅니다.

하나님은 한 번도 우리를 떠나신 적이 없는데, 우리는 마치 하나님이 안 계신 것처럼 사니까 24시간 주님을 바라보며 예수님과 동행하는 것을 일깨우는 기도를 하는 것입니다. 아람 군대를 두르고 있는 천군 천사를 보는 눈이 열리도록 중보하는 것입니다.

하나님은 기도자들을 통해 승리의 증거들을 보기 원하십니다. 영적 전쟁, 순종, 기도는 각기 다른 주제가 아닙니다. 마귀를 대적하는 일은 사랑으로 역사하는 믿음의 힘으로 하는 것입니다. 영적 전쟁의 승리는 일상에서의 순종을 통해 확보한 영적 고지가 있어야 하고, 그 고지에 승리의 깃발을 꽂는 것입니다.

6장

하나님의 나라와 의를 구하는 기도

나는 죽고 예수로 사는 십자가 복음을 분명하게 알게 되자 기도가 바뀌었습니다. 그전에는 내 소원, 내 문제를 기도하고 응답받는 것이 목적이었는데, 이제는 내가 죽었다고 고백하니 온통 나, 나, 나로 이어지던 내 마음의 역동이 사라지는 것을 경험하였습니다. 실제로 많은 기도자들이 그동안 기도했던 일들의 소원이 사라지자 이제 무엇을 구해야 하느냐고 질문하기도 합니다.

나는 죽고 예수로 산다는 말은 내가 죽은 것에 방점이 있는 것이 아니라 예수님의 생명으로 사는 것에 방점이 있습니다. '예수님의 생명'으로 살게 되니 예수님의 소원이 내 소원이 되는 것입니다. 온 열방이 구원을 받아 주님의 다시 오심을 준비하고, 이 땅에 하나님의 나라와 의가 이루어지도록 구하는 것입니다.

그러나 믿음으로는 고백하지만 여전히 내 소원과 기도 제목이 다급할 경우가 많습니다. 중보기도 제목에 올라온 김 집사님 아들의 암 투병보다 당장 내 아이의 감기에 더 마음이 쏟아지는 것이 우리의 본성입니다. 그런데 어떻게 이런 나의 기도를 뛰어넘어 하나님나라를 구할 수 있을까요? 이 말은 나를 위해서는 구하지 말라는 것이 아닙니다. 사랑의 아버지께서 하나님의 나라와 의를 구하면 모든 것을 더하신다는 약속을 믿는 것입니다.

> 그런즉 너희는 먼저 그의 나라와 그의 의를 구하라 그리하면 이 모든 것을 너희에게 더하시리라 마 6:33

그러나 그의 나라와 그의 의를 먼저 구하면 모든 것을 더하신다고 하셨으니, 이 모든 것을 받기 위해서 후딱 해치워버리는 기도는 아닙니다. 나를 향한 하나님의 완전한 사랑에 대한 신뢰, 완전한 믿음의 기도입니다. 사랑에는 사랑으로 응답하게 됩니다. 하나님의 사랑에 대해 눈이 열리니, 하나님의 마음이 쏟아지는 곳으로 우리의 기도도 향하게 됩니다. 우리가 예수 그리스도의 생명으로 살아난 자라면 반드시 이 방향으로 우리의 기도가 움직이게 됩니다.

만민이 기도하는 집

2003년 선한목자교회로 부름을 받은 후 교회의 문제가 다급하고 제 마음이 갈급하다보니 자연스럽게 모여서 기도하는 이들 속으로 들어가 기도회를 인도하게 되었고, 기도 모임들이 늘어나면서 중보기도가 사모인 저의 사역이 되었습니다. 교회가 기도하는 집이고 성도도 기도의 집으로 세우셨기에 선한목자교회가 '기도의 집'으로 서는 것은 당연한 일이었습니다.

그 당시 교회는 감당할 수 없는 부채로 씨름하고 있는 상황이어서 다른 곳을 돌아볼 여유가 없었고, 연약한 우리 교회가 무슨 한국 교회 부흥의 진원지가 되나 싶은 마음이 수시로 들었지만, 주님이 부어주시는 마음을 따라 한국 교회의 새 부흥을 위한 부흥의 진원지가 되게 해달라고 기도를 올렸습니다. 영적인 일은 영향력이니 우리의 연약함에 상관없이 진정 주님과 연합하여 십자가 복음으로 서면 주님이 우리를 통로로 쓰실 것이라는 믿음이 있었습니다.

교회가 24시간 기도하는 곳이 되고 전 세계 모든 나라를 위해 기도하는 기도의 집이 되는 일은 그 당시에는 불가능한 일처럼 보였지만, 교회는 하나님의 소원을 이루어드리고 선교 완성과 하나님나라와 의를 구하는 곳이 반드시 되어야 한다고 생각했기에 쉬지도 졸지도 주무시지도 않는 하나님과 함께 24시간 기도하는 집이 되길 기도하였습니다. 2003년 11월에 선한목자교회에 와서 이듬해인 2004년부터 화요일에 중보기도회를 시작했습니다. 열 명도 안 되는 적은 인원이 모였지만 선한목자교회의 영적 엔진이라는 생각으로 함께 기도하였습니다.

살아나고 살려내는 중보기도회

처음 화요중보기도회를 시작하며 제 마음에는 이런 그림이 있었습니다. 화요일에 중보기도자들이 모여서 함께 기도하고, 흩어져서 한 주간 내내 각 영역 주제별로 기도하는 모임들이 우후죽순처럼 일어나는 그림입니다. 소그룹에서 나누고 기도하며 힘을 얻고, 다시 화요중보기도회에 모여서 전체가 은혜를 나누고 또 다시 각자의 영역으로 돌아가는 기도의 선순환을 통해 교회의 세포 하나하나가 살아나는 꿈을 꾸었습니다.

그런데 막상 화요중보기도회로 모여보니 교회를 위해서, 여러 가지 중보기도 제목으로 힘있게 기도할 분들이 모이면 좋겠는데, 당장 자신의 문제 해결이 급박하지만 기도는 잘 안 되어서 기도에 갈급한 이들이 모였습니다. 한동안 하나님이 주신 기도의 방향과 주어진 기도 현실 사이에서 어떻게 해야 할지를 잘 몰랐습니다.

그런데 이 문제를 하나님 앞에 가지고 나아가 기도하며 깨닫게 되었습니다. '특별한 기도의 용사들이 모여서 중보기도를 하는 것이 아니라 내 문제에 갈급한 이들이 살아나면, 다른 사람과 여러 영역을 살려내는 자들이 되겠구나' 하는 것이었습니다. 늘 기도의 용사들이 모이길 갈망하던 제 마음이 달라졌고, 어떤 형편 속에서 모였든지 기도의 자리에 앉기만 하면 주님이 친히 기도의 용사로 세우실 것이 믿어졌습니다. 그래서 이후 화요중보기도회의 캐치프레이즈가 '살아나고 살려내는' 화요중보기도회가 되었습니다.

마음의 기대가 달라지니 기도하러 모인 이들을 바라보는 제 시선도 바뀌었습니다. 누가 능력 있는 기도자인가, 누가 신실하게 기도해줄 사람인가를 찾던 눈에서 모인 모든 이들이 너무너무 귀한 하나님의 기도 일꾼으로 보이기 시작했습니다. 자기 문제를 가지고 하나님을 찾아 나오는 것이 얼마나 큰 믿음인지를 격려하게 되었습니다. 그 이후 공황장애로 죽을 것 같아 교회를 찾아왔던 분이 중보기도 사역의 중요한 리더로 세워져서 다른 사람들을 격려하게 되었습니다. 가정의 위기로 남편도 가정도 포기하고 싶었던 이가 연약한 이들을 격려하며 그들의 눈물을 자기 가슴에 담고 기도하는 중보기도자가 되었습니다. 살아난 자들이 소그룹에서 살려내는 중보기도자들이 되었습니다.

중보기도회 모임도 달라졌습니다. 자기 문제에 매달려서 눈물과 한탄으로 보내던 이들이 자기들의 문제가 하나님의 마음에 있고, 하나님의 문제가 자신들의 마음에 들어오는 경험을 하게 되는 것입니다. 처음에는 요원해 보였던 주제별 소그룹이 생겨나기 시작했습니다. 교회에서 이런 이런 주제를 가진 소그룹을 만들고 팀장을 세워서 진행하는 방식으로 했다면 틀림없이 지금과 같은 힘을 갖지 못했을 것입니다. 자기 자신의 필요와 하나님나라를 향한 관심이 하나가 되어 목마른 이들이 우물을 파듯 모임들이 하나씩 자생적으로 생기기 시작했습니다. 화요중보기도회 중보기도의 한 가지 주제였던 다음세대를 위한 기도가 '다음세대를 위한 기도회'로 분리되어 교회학교의 중요한 중보기도회가 되었고, 중보기도위원회 안에 '나라와 민족을 위한 기도팀'부터 시작해서 무너진 가정을 붙잡고 기도하는 '우슬초 기도팀'에 이르기까지 수많은 기도팀이 생겨서 강력한 기도를 하게 되었습니다.

하루의 시작인 새벽기도회가 '하나님나라와 의를 구하는 기도'로 시작하여, 그날의 본문이 되는 성경 한 장으로 '말씀기도'를 하고, 저녁에는 '매일합심기도문'으로 각자의 자리에서 하나님나라와 의를 구하며 한국 교회의 새로운 부흥과 남북의 복음통일을 위해서 기도합니다. 월요일부터 시작되는 각 팀들의 기도가 일주일 동안 이어지고, 화요중보기도회와 금요성령집회가 주중에 기도의 중요한 엔진이 됩니다.

한 달을 보면 교회를 위한 '한몸기도회'로 첫날을 열고, 마지막 주간에는 열방을 위한 '느헤미야 52기도'로 마무리합니다. 일 년을 보면 1월과 7월에 '신년말씀기도회'와 '여름말씀기도회', '나라를 위한 금식성회', '매일합심기도자의 연합모임'과 세계기도의 날에 맞춘 기도성회 등이 이어졌고, 그런 기도 모임에서는 하나님나라를 위한 기도가 각 주제와 영역별로 이루어졌습니다.

하루 24시간과 일주일, 그리고 한 달, 일 년 단위의 기도가 씨실과 날실처럼 엮여 교회 안에 기도가 쉬지 않고 이어지게 되었고, 하나님나라를 위한 기도는 모든 기도의 최우선인 동시에 성도의 일상이 되었습니다. 꿈같은 이 일이 제 마음속 막연한 소원일 뿐, 구체적으로 어떻게 실행해야 하는지도 솔직히 잘 몰랐습니다. 그런데 그 소원이 하나님이 기뻐하시는 소원이기에 주님이 친히 이루셨습니다. 어떻게 그런 일들을 주님은 친히, 세밀하게 이루셨는지 돌아보면 놀라울 뿐입니다.

하나님나라와 의를 위한 기도

하나님나라를 위한 기도가 처음 시작된 것은 2005년부터입니다. 교회가 본당을 완공한 후 교회의 기도실을 '마가다락방'이라는 이름으로 세우고, 기도하고 싶은 사람들은 누구나 들어와서 기도할 수 있도록 개방하였습니다.

2005년 순회선교단을 통해 '기도24365'를 알게 되어 전 세계 열방 217개국의 나라를 매시간 부르며 기도하는 기도 체인을 형성하였습니다. '세계기도정보' 책자로 기도 정보를 얻어 기도하였는데, 생전 처음 들어보는 나라의 이름을 부르며 기도하는 일이 쉽지 않았습니다. 처음에는 교회가 기도24365 본부에서 주관하는 팀에 들어갔다가 나중에는 선한목자교회 마가다락방에 열방기도센터를 두고 자체적으로 열방을 위한 24시간 기도를 이어갔습니다.

2007년부터 느헤미야가 52일 만에 성벽을 재건한 것처럼, 우리 교회도 무너진 각 영역을 기도로 세우는 '느헤미야 52기도'에 참여하였습니다. 24시간 릴레이로 쉬지 않는 기도를 일주일간 이어가는 것이 쉽지 않았습니다. 그런데 한 주간을 해보고, 또 다음 달에 한 달을 해보고, 이렇게 이어가던 2011년 3월에 놀라운 일이 일어났습니다.

느헤미야 52기도를 한 달간 24시간 연속으로 기도하는 중에 평소와 다르게 교인들에게서 폭발적인 반응이 일어났습니다. 그때가 주일 출석 성도가 3천 명 정도 될 때인데 한 달 동안 교회학교 어린이들까지 연인원 4천 명이 넘는 사람들이 참여하는 기도회가 되었습니다.

왜 그런 일이 일어났는지 설명할 길이 없습니다. 그렇지만 어렴풋이 깨달아지는 것이 있었습니다. 그동안 기도가 뿌리를 내리는 세월이 있었다는 것입니다. 교회의 위기 상황에서 철야하며 금식하던 사람들이 있었습니다. 열방기도를 위해 목숨을 내놓은 사람들이 있었습니다. 새벽 두세 시에 한 번도 이름을 들어본 적 없는 나라를 위해 기도하는 이들이 있었습니다.

다른 한 가지는 주님과의 동행을 강조하면서 계속 주님을 바라보라고 하니까 교인들 안에 말씀이신 예수 그리스도, 기도이신 주님을 더욱 알기 원하는 갈망이 일어났습니다. 예수님을 계속 바라보기 시작하면서 누가 성경을 읽어야 한다고 말하지 않아도 말씀을 읽고 배우고 기도를 더 하기 원하는 일들이 일어났습니다. 그리고 하나님이 원하시는 기도에 초점이 맞춰지게 되었습니다. 기도가 우리의 열심 때문에 이어지는 것이 아니라 하나님이 친히 기도를 이끄셔서 가능하다는 것을 깨닫게 되었습니다. 그 위에 성령께서 기름을 부으셨습니다.

'하나님나라와 의를 위한 기도'는 절대 당위성으로 할 수 없는 기도입니다. 주님을 사랑하고 주님의 소원이 우리 마음에 들어오게 될 때 가능합니다. 그러나 본성대로 사는 우리가 하나님나라를 구하는 기도를 시작만 하면 주님이 이 일을 얼마나 기뻐하시는지, 열방의 한 영혼까지 얼마나 사랑하시는지를 알게 됩니다.

❶ 예수님을 믿는 이들에게 하나님나라와 의를 위한 기도는 이미 시작된 기도입니다.

2014년에 남편이 대상포진으로 주일을 앞둔 토요일 오후에 갑자기 병원에 입원했던 적이 있습니다. 의사는 아무것도 하지 말고, 심지어 성경도 읽지 말고 그냥 쉬기만 해야 한다는 처방을 내렸습니다. 몸이 아프지만 주일 말씀 준비를 하다가 갑자기 입원했으니 남편의 마음이 쉽지 않았겠지요. 침상에서 하나님나라를 구하는 기도를 하는데, '기도조차 하기 어려운 이 때에 내가 하나님나라와 의를 구한다고? 나 같은 자가 무슨 하나님의 나라를 구하는가?' 이런 무력감이 들더랍니다. 그때 하나님께서 주신 분명한 말씀이 있었다고 합니다.

"네 안에 하나님나라가 시작된 것을 찬양하라. 나의 나라는 이미 시작되었다!"

그리고 보니 "내 안에 예수님이 오셔서 분명하게 계신데, 그분이 나의 왕이시니 그분이 통치하시는 하나님나라가 이미 내 안에서 시작되었구나" 이것이 분명해져서 감격으로 기도를 올렸다고 했습니다.

그렇습니다. 하나님나라와 의를 구할 때 처음에는 막연하게 여겨집니다. 그러나 주님이 우리 안에 오신 것이 분명하다면 이미 하나님나라가 우리 안에서부터 시작되었습니다. 기도를 시작하신 하나님께서 기도를 친히 이끄십니다.

❷ 하나님나라와 의를 위한 기도를 하게 되면 하나님의 마음을 알게 됩니다.

'기도24365'를 시작하고, 그 기도를 좀 더 배우기 위해서 기도모임에 갔습니다. 오후에 도착하여 저녁 8시부터 계속 기도를 하다보니 새벽 2시가 되었습니다. 6시간을 기도했으니 뿌듯한 마음으로 들어가서 자려고 일어서는데, 같이 기도하던 이들이 하나둘씩 자러 들어가고 2시부터 4시 기도 시간을 인도하시는 분과 한 분만 남았습니다. 들어가서 자고 싶었지만 제가 들어가면 두 사람만 남게 되니 순전히 사모의 직업의식(?)으로 그 자리에 남았습니다.

그 시간에 기도해야 하는 나라가 남태평양에 있는 작은 섬나라, 인구가 2천 명 정도 되는 '토켈라우'였습니다. 저는 그 이름을 그때 처음 들어보았습니다. 그 나라에 대한 기도 정보도 삼분의 일 페이지 정도 될 만큼 적었습니다. 피곤한 몸과 마음으로, 부족한 기도 정보를 가지고 억지로 기도를 시작하였는데 기도하다가 눈물을 쏟게 되었습니다.

'이 깊은 밤에 내 평생 한 번도 들어보지 못한 나라, 앞으로 가볼 일이 없는 나라, 그 나라를 위해, 그 곳에 살고 있는 사람들을 위해, 저를 깨워 이 자리에 앉게 하셔서 기도를 받아내시는 하나님은 어떤 분이신가?' 이런 생각이 드는 것입니다. 땅끝의 한 영혼을 향한 아버지의 마음, 절대 포기하지 않으시고, 누구를 통해서라도 기도를 시키셔서 그들을 찾기 원하시는 아버지의 소원이 제게 부어졌습니다. 그리고 이들을 위한 아버지의 마음이 그렇게 간절하시다면 나를 위한 아버지의 마음 또한 얼마나 간절한 사랑이신지가 깨달아졌습니다.

그날 밤 토켈라우를 위한 기도를 감격으로 올린 후 막연했던 하나님나라와 의를 위한 기도가 아버지의 사랑 안으로 들어가는 기도임을 분명하게 알게 되었습니다.

❸ 하나님나라와 의를 구하는 기도는 막연한 기도가 아니라 아주 실제적인 기도입니다.

매일합심기도를 통해 하나님나라와 의를 구하는 기도를 하다 보면 기도자들 중에 두 가지 다른 반응을 봅니다. 한 부류는 하나님나라와 의를 구하는 기도가 막연하다는 것입니다. 날마다 그날이 그날 같다고 말합니다. 또 한 부류는 막연한 줄 알았는데 너무나 구체적인 기도라고 말합니다. 성실하게 기도하는 이들과 아닌 이들이 극명하게 갈리는 것을 볼 수 있었습니다. 이 기도는 아주 실제적인 기도이기 때문에 하나님나라와 의를 구하면 이 모든 것을 더하시리라는 말씀이 어떻게 이루어지는지를 경험합니다.

전도사님 사모님 한 분이 이런 고백을 했습니다.

"어느 날 가정의 기도 제목이 너무 많아 오늘은 하나님나라를 구하는 기도를 얼른 하고 내 기도를 해야겠다고 생각했습니다. 그런데 하나님나라를 위한 기도를 시작하고 보니 하나님나라가 이루어져야 할 영역이 계속 꼬리를 물고 이어져서 한 시간 정도 그 기도를 했습니다. 기도하다보니 어느새 하나님나라와 의를 구하는 기도 안에서 내 문제는 다 녹아 없어진 것을 알게 되었습니다."

성도들도 하나님나라를 위한 기도를 하면서 눈이 열렸습니다. 내 문제, 내 가정, 내 교회를 넘어 열방이 마음에 들어오고, 열방의 문제가 내 문제가 되었습니다. 이스라엘과 하마스의 전쟁, 아프가니스탄의 지진, 끝나지 않은 우크라이나와 러시아의 전쟁….

날마다 일어나는 지구촌의 뉴스들을 접하고 그것을 기도 제목으로 삼고 하나님나라와 의를 구하다보면, 내가 이 땅에서 자유롭게 신앙생활하고 마음껏 부르짖어 기도할 수 있는 것만으로도 모든 감사의 조건이 충족되었다고 고백하게 됩니다. 문제를 보는 시각이 달라지니 교인들 간의 작은 갈등과 염려들도 아무것도 아닌 듯 넘어가지게 되었습니다.

하나님나라는 어떤 나라입니까? 하나님이 다스리는 나라입니다. 궁극적으로 주님이 다시 오셔서 통치하시는 그때가 오겠지만, 지금 내 안에서 이루어져야 하고, 이 땅에서 이루어져야 합니다.

❹ 우리가 하나님나라라고 말씀하십니다.

나라의 기본 요소는 영토, 국민, 주권입니다. 그러니 하나님나라는 하나님이 주권을 가지고 통치하시는 나라이고, 그 나라의 국민은 우리일 것입니다. 하나님의 통치는 너무나 분명합니다.

말씀은 우리가 영토라고도 하십니다. 저는 시편 114편을 묵상하다가 너무 놀랐습니다.

이스라엘이 애굽에서 나오며 야곱의 집안이 언어가 다른 민족에게서 나올 때에 유다는 여호와의 성소가 되고 이스라엘은 그의 영토가 되었

이스라엘은 430년 동안 애굽에서 종살이하며 그 나라의 문화에 동화되어 하나님의 백성이라는 정체성을 갖지 못하고 살았을 것입니다. 그러니 출애굽 했는데도 광야에서 힘들 때 부추 먹고 싶다, 고기 먹고 싶다고 말하며 속박되었던 나라를 그리워했겠지요.

오늘 시편 기자는 그런 이스라엘을 향해 분명한 정체성을 말해줍니다. 여호와의 성소이고 그의 영토라는 것입니다. 우리에게도 똑같이 성소와 영토라는 공간적인 개념을 넣어주시는 것이지요. 우리가 하나님이 거하시는 성소이며 그분이 다스리시는 땅입니다. 내가 하나님의 백성이며 그의 나라의 영토입니다.

하나님의 나라는 멀리 있지 않고 나로부터 세워지는 것임이 깨달아져서 감격이 되었습니다. 우리는 출애굽 해서 가나안으로 들어가기 위해 광야에서 방황하는 자들이 아닙니다. 죄로부터 구원받아 죽어서 천국에 갈 때까지 이 세상에서 고생만 하며 사는 존재가 아닙니다.

애굽에서 출발할 때부터 우리는 가나안이 되었습니다. 죄로부터 구원받았을 때부터 우리는 새 사람이 되었고 새로운 땅이 되었습니다. '우리가 가나안을 향하여 가는 것이 아니라 가나안이 되었다!'는 이 깨달음이 제게는 눈이 열리는 기쁨이 되었습니다. 우리가 하나님의 통치를 기뻐하고 하나님의 통치에 순복하면 내 안에서부터 하나님의 나라가 굳건하게 서는 것입니다.

기도자들은 기도자 자신이 하나님의 영토가 되어서 하나님나라를 구하는 것입니다. 언젠가 이루어질 나라를 막연하게 구하는 것이 아니라 하나님의 주권을 인정하고, 그분의 다스림에 즉시 순종하면 내 안에 하나님의 나라가 이루어지고, 그 나라는 우리가 구하는 영역들로 확대될 것입니다.

마침내 주님이 다시 오실 때 우리는 그분의 다스림 안에 있다가 그분이 다스리시는 새 하늘과 새 땅을 경험하게 될 것입니다. 우리의 기도가 주님 오실 날을 예비하는 것입니다. 그때 한 영혼도 잃지 않으시려는 아버지의 마음과 함께하는 것입니다.

❺ 하나님의 나라는 어린양 예수 그리스도가 십자가의 방법으로 다스리시는 나라입니다.

시편 93편으로 기도하면서 하나님이 다스리시는 주권에 대해 아멘 하면서도 다시 질문이 생겼습니다.

여호와께서 다스리시니 스스로 권위를 입으셨도다 여호와께서 능력의 옷을 입으시며 띠를 띠셨으므로 세계도 견고히 서서 흔들리지 아니하는도다 주의 보좌는 예로부터 견고히 섰으며 주는 영원부터 계셨나이다

시 93:1-2

　　　　　　　　　　　6장 하나님의 나라와 의를 구하는 기도

우리가 하나님은 천지를 다스리시는 만왕의 왕이시라고 하나님의 주권을 인정하고 고백하지만, 하나님이 다스리시기 때문에 세계는 굳건하고 흔들리지 않습니까? 날마다 살인의 소식이 들리고 처처에 전쟁과 재난의 소식이 들리는데 하나님이 다스리시는 것이 맞습니까? 견고한 주님의 증거를 어디에서 찾습니까?

우리가 정말 개인의 삶의 응답을 넘어서 역사와 자연과 천지를 다스리시는 하나님을 믿고 있는 것일까요? 수많은 문제들 앞에서 하나님의 주권을 고백하는 믿음에 대해서 생각해보게 됩니다. 이 문제를 가지고 하나님께 구하면서 하나님의 통치에 대해서 깨달아졌습니다.

하나님나라의 통치, 하나님의 통치는 달랐습니다. 주님은 십자가로 다스리셨습니다. 수욕을 당하신 어린양으로 통치하셨습니다. 죽는 길로 걸어가 생명을 주셨습니다. 그래서 그 길을 따라 사랑으로 가는 우리가 그 증거가 되게 하셨습니다. 사람의 본성으로는 결코 갈 수 없는 길, 사람의 본성으로는 따르기 힘든 방법이기에 그 길을 따라가는 우리 자신이 하나님의 통치의 증거가 됩니다.

하나님나라와 의를 구하는 기도자는 높은 수준의 기도를 드리는 자가 아닙니다. 우리 주 예수 그리스도가 가신 길을 똑같이 걸어가는 자입니다. 어린양이 인도하시는 대로 가는 것입니다. 어린양의 인도함을 받는 기도는 주님께 순종하는 기도를 말하지만,

어린양 되신 예수 그리스도의 역사가 기도를 통해 그대로 이루어지는 것을 말합니다. 우리는 어린양 되신 예수 그리스도를 따르는 자들이기 때문입니다.

어린 양이 어디로 인도하든지 따라가는 자며 사람 가운데에서 속량함을 받아 처음 익은 열매로 하나님과 어린 양에게 속한 자들이니 계 14:4

어린양의 인도함을 받아 주님 가신 길로 가는 우리에게, 주님은 마침내 그 나라가 완전히 이루어지는 그날 우리의 눈물을 씻으시고 우리를 어린양의 혼인 잔치 자리에 사랑받는 신부로 세우실 것입니다.

큰 소리로 외쳐 이르되 구원하심이 보좌에 앉으신 우리 하나님과 어린 양에게 있도다 하니 계 7:10

이는 보좌 가운데에 계신 어린 양이 그들의 목자가 되사 생명수 샘으로 인도하시고 하나님께서 그들의 눈에서 모든 눈물을 씻어 주실 것임이라 계 7:17

어린양의 피에 의지해서 말씀을 붙잡고 기도하는 모든 중보기도자들은 악한 영의 역사를 이기는 자들입니다. 우리의 힘이 아닌

6장 하나님의 나라와 의를 구하는 기도

주 예수 그리스도 때문에!

또 우리 형제들이 어린 양의 피와 자기들이 증언하는 말씀으로써 그를 이겼으니 그들은 죽기까지 자기들의 생명을 아끼지 아니하였도다

계 12:11

이 땅의 모든 기도자들이, 모든 교회가 하나님의 의를 구하는 기도의 집으로 우뚝 서길 소망하며 기도합니다. 아가서의 사랑 고백과 요한계시록의 마지막이 같은 기도입니다.

"임이여, 노루처럼 빨리 오세요. 향내 그윽한 이 산의 어린 사슴처럼, 빨리 오세요." 아 8:14 새번역

"이 모든 계시를 증언하시는 분이 이렇게 말씀하셨습니다. "그렇다. 내가 곧 가겠다." 아멘. 오십시오, 주 예수님!" 계 22:20 새번역

"아멘 아멘, 주님, 주님 오실 날을 더욱 사모합니다. 주님이 호령하셔서 모두에게 주님이 다스리시는 것을 완전하게 드러내실 그 날을 사모합니다."

7장

연합과 일치를 이루는 기도 : 기도 제목 만들기

기도 제목을 만드는 일은 매우 중요한 기도입니다. 실제로 기도 제목을 만든다는 생각을 해보지 않았더라도, 혹은 기록해서 제목으로 만들지 않아도 기도하는 모든 이들은 마음속으로 이미 기도 제목을 만들어서 기도합니다. 자녀를 위해서 기도한다고 할 때, 자녀에게 필요한 일들은 이런저런 것이라고 생각하고 기도할 것입니다.

나 혼자 기도하는 것이 아니라 그 기도를 다른 이에게 부탁할 때는 혼자 기도할 때와 달리 정리된 내용으로 부탁하게 됩니다. 기도 제목을 글로 써보면 말로 하는 것과 달리 기도 내용이 분명해지고 정리가 됩니다. 그냥 머릿속에 떠오르는 생각대로 기도할 때는 기도해도 응답받는 것이 별로 없다고 생각하는데, 기도 수첩에 기도 제목을 구체적으로 적고 한쪽에 응답 여부를 적는 칸을 만들어놓고 보면 거의 모든 기도가 시간 차이만 있을 뿐 다 응답되었다는 것을 알게 됩니다. 막연한 기도와 구체적으로 정리된 기도 제목 사이에는 실제로 기도 제목이 이루어졌을 때 누리게 되는 은혜에 큰 차이가 있습니다. 주님이 하셨다고 고백할 일들이 너무

　　　　　　　　　　　　　7장 연합과 일치를 이루는 기도

많아지기에 기도 제목을 쓰고 만들어보는 일이 참 중요합니다.

어떤 관점으로 바라보고 함께 기도할 것인가?

주님을 바라보고 주님과의 동행이 실제가 되면 주님의 마음을 점점 더 알게 되고 하나님나라에 대한 사모함이 생깁니다. 하나님의 소원이 내 마음으로 들어와서 더 이상 내 문제와 남의 문제, 내 문제와 하나님의 문제의 구별이 없어집니다.

저에게도 하나님이 눈을 열어주셔서 외면하던 현실이 기도 속으로 들어왔습니다. 나와는 상관없다 여겼던 지구촌의 전쟁과 자연재해, 사건 사고가 기도 제목이 되게 하셨습니다. 저뿐 아니라 성도들과 교회도 마찬가지였습니다. 24시간 예수님 바라보기를 하면서 주님과 친밀해지고, 주님의 마음을 더욱 알게 되니까 내 문제, 우리 교회를 넘어서 하나님나라와 전 세계 열방을 향한 기도로 기도의 초점이 옮겨졌습니다.

그런데 하나님나라를 향해 기도의 초점을 세우고 보니 새로운 도전이 생겼습니다. 주님의 마음과 연합하여 우리의 심령에 들어온 열방의 수많은 문제들을 어떤 기준과 관점으로 바라보며 함께 기도하느냐의 문제에 직면하게 된 것입니다.

저는 예수를 믿으면 당연히 같은 기준을 가지는 줄 알았습니다. 그런데 다 다르더라고요. 실제로 우리나라를 위한 기도인데도 나라를 위해 기도하는 사람들의 기도 제목이 너무 다릅니다.

처음에는 '어떻게 같은 하나님을 믿는데 이렇게 다르지?' 이런 질문이 생겼는데 다를 수 있다는 것을 알게 되었습니다.

교회 안에서 기도하는 이들 사이에서도 종종 분열이나 갈등이 생기는 경우, 기도하는 이들의 믿음이 진리의 터 위에 분명히 서고, 하나님과 사랑의 관계가 깊어지면 다 해결될 줄 알았습니다. '율법적인 기도를 하니까 문제이지, 진짜 생명의 기도를 하면 다 해결될 거야', '주님을 사랑하는 마음이 뜨겁게 일어나면 성도들끼리 서로 사랑하게 될 텐데 뭐가 문제겠어' 이런 생각을 했던 것이지요.

그런데 실제의 자리에 앉아보니까 다 주님을 사랑하고 다 십자가 복음을 진리로 붙잡은 분들이었는데도 기도가 너무 다른 거예요. 다를 뿐 아니라 기도에 관한 문제이기 때문에 오히려 더 심각한 갈등을 겪게 되더라고요.

대통령 선거가 있었을 당시 교우들로부터 많은 메일과 문자를 받았습니다. 각기 다른 진영의 입장에 서서 자신이 지지하는 후보가 대통령이 되어야 한다는 주장들이었어요. 선거가 끝나고 나니까 한쪽에서는 "교회가 다 썩었다. 교인들이 생각이 없어서 이런 후보를 뽑았다"는 메일을 보내셨고, 다른 한편에서는 "하나님은 정말 살아계신다. 우리의 기도에 응답하셨다" 이런 메일을 보내셨습니다. 양쪽 다 주님을 사랑하는 사람들이며, 우리나라가 잘 되기를 바라는 사람이고, 교회를 사랑하는데 어떻게 이렇게 갈라졌을까요? '기도를 해도 다 각자 생각대로 믿는 거지' 이렇게 생각하고 끝낼 문제일까요?

우리를 한 성령 안에서 부르셨다면 성령님은 한 분이시니까 그분의 생각도 하나일 텐데 우리는 왜 이렇게 갈라질까요? 이런 일들을 겪으며 하나 된 마음으로 기도가 나아가도록 이끌어가는 일에는 기도 제목을 만드는 일이 필요하고 중요하다는 것을 알게 되었습니다.

1. 기도 제목을 만드는 일은

❶ 같은 기도 제목으로 함께 기도하는 일은 같은 시간, 같은 장소에서 기도하는 차원을 넘어서 놀라운 연합과 일치로 기도자들을 이끌기 때문에 매우 중요합니다.

그렇기 때문에 기도 제목을 만드는 일은 기도의 과정일 뿐 아니라 그 자체가 중요한 기도입니다. 기도 제목을 만드는 일 자체가 '기도'라고 하는 것은 기도 제목을 만드는 일에는 그 제목을 만드는 자의 믿음, 영적 깊이, 세계관이 다 들어 있기 때문입니다. 기도 제목을 통해 영적 일치와 기도의 방향성이 제시됩니다. 복음적인 가치관, 하나님나라의 방향성으로 기도를 이끌게 됩니다.

❷ 우리는 우리가 기도 제목을 만드는 것이 아니라 하나님이 기도 제목을 주신다는 것을 믿어야 합니다.

첫 번째 장에서 말씀드린 대로 기도는 우리로부터 비롯된 것이 아니라 하나님이 시작하셨기 때문입니다. 기도의 시작이 하나님 이시라면, 기도하도록 부르신 하나님 아버지의 마음에 이미 기도 가 있습니다. 기도 제목을 만드는 일은 하나님의 마음에 있는 기 도를 찾아가는 과정입니다.

내가 만드는 기도 제목이 아니라 내게서 나올 수 없는 기도 제 목이 나오게 될 때 하나님이 이 기도를 시키신다는 것을 알게 됩니 다. 그러므로 기도 제목은 책상에 앉아서 만드는 것이 아니라 기 도의 자리에 앉아서 기도하며 만드는 것입니다.

❸ 기도 제목을 만드는 일은 '길 찾기'입니다.

어떻게 기도해야 할지 알 수 없을 때 주께 여쭈면 분명한 기도 제목을 붙잡게 되고, 그 제목으로 기도하다보면 하나님이 원하시 는 방향으로 기도가 이어집니다. 하나님 마음속에 있는 일을 이 루시기 위해서 하나님은 우리에게 기도할 마음이 생기게 하시고, 혹은 기도의 부담을 느끼게 하십니다.

따라서 내가 기도하기 시작했다는 것은 기도의 단계에서 벌써 두 번째 단계로 들어가는 것입니다. 그러므로 내가 기도 제목을

7장 연합과 일치를 이루는 기도

만들어서 기도하고 있다는 것은 하나님의 마음에 있었던 기도를 찾아가는 길에 들어선 것이지요. 그리고 하나님이 원하시는 기도를 계속할 수 있도록 우리 안에 성령께서 친히 기도를 이끄십니다.

주님의 마음을 찾아가면서, 중보기도 대상자에게 가장 필요한 길 찾기를 해야 합니다. 예를 들면 김 집사님이 다리를 다쳐서 수술을 하게 되었다고 중보기도 부탁을 받았다고 합시다. 그냥 소식으로 듣고 기도 제목을 만들 때는 수술이 잘 되게 하시고 빨리 회복되게 해달라는 기도 제목을 만들어서 공유할 것입니다.

그런데 김 집사님에게 직접 전화를 걸어 마음을 위로해주고 기도 제목을 물어보면 그냥 기도 제목을 만들 때와는 달라집니다. 통화하다가 세 살 된 딸을 돌봐줄 사람이 없어 입원하기 어려운 상황임을 알게 됩니다. 다리를 다쳐서 수술해야 하는 것도 큰일이지만, 아이를 돌봐줄 사람을 구하는 것이 더 시급한 문제이기에 수술과 더불어 아이 돌보미를 찾을 수 있도록 기도 제목을 올리게 됩니다.

❹ 하나님께서 부어주시는 기도 제목은 마치 악기를 튜닝해서 정확한 연주를 하도록 하는 것처럼, 렌즈의 초점을 맞춰서 사물이 뚜렷하게 보이게 하는 것처럼 명확합니다.

그래서 그런 제목으로 하는 기도는 기도를 계속 지속할 힘이 있습니다.

금요성령집회 중보기도 시간에 기도 선포자가 각 영역별로 기도 제목을 선포하면 회중은 함께 그 제목으로 합심기도를 합니다. 그런데 어떤 기도 제목은 들으면 내용은 알겠는데 마음이 실리지 않아요. 어떤 기도 제목은 듣기만 해도 울컥하고 기도가 쏟아지게 됩니다. 기도 제목을 듣기만 했는데도 마음이 다르고 기도가 달라지는 것은 듣는 나의 영적 상태의 문제이기도 하지만, 기도 제목을 내는 분이 어떻게 기도 준비를 했느냐에 영향을 받게 됩니다. 기도 준비를 많이 하고 기도로써 기도를 요청하는 경우에는 대부분 기도를 일으키게 됩니다.

어떤 기도 제목은 한 편의 시처럼 너무 아름답습니다. 어떻게 저런 표현을 쓸까 싶을 정도입니다. 그러나 아름답고 간결한 문장이 꼭 기도를 일으키는 것은 아닙니다. 또 어떤 기도자는 주어와 술어가 문법적으로 맞지 않습니다. 그런데도 너무 힘있게 기도를 일으킵니다.

❺ 기도 제목을 만드는 일은 '미역을 불리는 기도'입니다.

기도 제목은 기도자들에게 정확한 기도 정보를 제공해야 하지만 뉴스를 만드는 일과는 다릅니다. 기도 제목을 만드는 목적은 기도를 일으키기 위함입니다. 잘 정리된 기도 제목은 기도를 일으킵니다. 꼭 필요한 기도가 올려지도록 하기 위해서는 단순히 기도 정보를 가지고 기도 제목을 만드는 것이 아니라 기도하면서 기도 제목을 만들어야 합니다. 여러 영역의 이슈들을 복음의 진리로 해석하고 기도로 올려드리는 일이 필요합니다.

2017년 사순절부터 선한목자교회에서 하나님나라와 의를 구하는 매일합심기도를 매일 밤 10시에 신청한 중보기도자들과 함께 하였습니다. 이 일을 섬기는 팀이 있었습니다. 담임목사님이 아침마다 기도 제목을 만들어서 8시 정도에 제게 넘기면 제가 기도문의 분량을 줄이고 압축해서 오후 2시까지 팀에 보냅니다. 팀은 혹시라도 제가 빠뜨린 내용이나 오탈자가 있는지를 살펴서 밤 9시에 각 오십부장, 백부장에게 기도문을 보냅니다. 기도문을 받은 오십부장, 백부장들은 자기가 담당하고 있는 방의 기도자들을 위해 중보기도를 하고, 9시 반에 각 방에 올립니다. 그러면 모든 기도자가 밤 10시에 시간에 맞춰서 함께 기도합니다. (현재는 시스템이 달라졌습니다.)

기도를 하겠다고 신청한 사람들에게만 보내는 것이니 4천 명에게 한번에 보내도 문제는 없습니다. 그러나 한번에 보내지 않고 힘들어도 십부장, 오십부장, 백부장을 세운 이유는 그들이 자신이 담당하는 방에 기도문을 보내는 자가 아니라 기도를 일으키는 중보자이기 때문입니다. 기도문을 받아보는 이들이 기도문을 확인해야 할 시간이 지났는데도 확인하지 않은 상태로 남아 있으면 그

것이 각 방장들의 눈물의 기도 제목이 되었습니다.

왜 이렇게 복잡한 과정으로 하는 것일까요? 기도문의 목적이 기도를 일으키는 것이기 때문입니다. 매일합심기도 팀장과 팀원들은 일주일에 두 번씩 모여서 매일합심 기도자들을 위한 중보기도를 해왔습니다. 이 기도를 8년 동안 해왔습니다. 우리는 매일합심기도를 '미역을 불리는 기도'라고 불렀습니다. 미역을 채취해서 잘 말리면 작은 부피의 건미역이 됩니다. 미역국을 끓일 때는 그 건미역을 불려서 한 솥이 되게 끓이지요.

초창기에 매일합심기도문을 만들 때에는 전체 보기로 넘어가지 않고 한 번에 볼 수 있는 분량으로 기도문을 압축하기 위해서 얼마나 애를 썼는지 모릅니다. 한 글자 한 단어가 중요했습니다. 짧지만 주님의 마음을 담은 기도문을 만들어서 보내면, 기도자들은 그 짧은 기도문으로 십 분도 기도하고, 한 시간도 기도합니다. 미역을 불리는 기도를 하는 것입니다. 그래서 기도문 만드는 일을 미역을 불리는 기도라고 했습니다.

우리 안에 막연했던 '하나님나라와 의를 위한 기도'가 얼마나 구체적인 기도인지를 기도하면서 알게 되었습니다. '우리 교회 기도팀'이 교회의 각 행사와 일정을 반영하여 요일별로 교회 기도문을 만들어서 제게 보내줍니다. 그러면 제가 꼭 필요한 기도가 빠지지는 않았는지 점검하고 나서 돌려보내면 기도팀에서 교회를 위한 우리 교회 기도문을 홈페이지에 올립니다.

각 영역별 기도팀(예를 들면 나라와 민족팀, 열방기도팀, 다음세대기도팀 등)에서 기도 제목을 만들어서 중보기도위원회로 올리면 그 기도 제목 중에서 몇 가지 기도 제목을 다듬어서 기도회 때 모든 성도들과 함께 기도합니다. 일방적으로 교회에서 이런 기도 제목으로 기도하라고 하는 것이 아니라 성도들의 기도 제목이 각 팀을 통해 교회 리더십으로 올라오고, 교회 리더십에서 각 팀을 통해 모든 교우들에게 기도 제목이 전달되는 순환구조를 갖는 것입니다. 이런 순환을 통해 기도 제목을 공유하고 함께 기도함으로써 꼭 필요한 기도가 빠짐없이 교회 전체의 기도로 올려지는 것입니다.

요즘 저는 암 투병 중인 어떤 청년의 기도 제목을 만들어서 중보기도자들에게 보내는 일을 합니다. 아픈 사람 자신은 기도 부탁을 할 여력이 없고, 가족들도 간호하다보면 기도가 절실하기는 해도 어떻게 기도를 부탁해야 할지 우왕좌왕하게 됩니다. 기도가 가장 절실할 때 효과적인 중보기도를 받도록 도와야겠다는 마음이 들어서 그 일을 합니다. 청년의 어머니께 현재 병의 상태를 물어본 후 중보기도자들이 현재 상황을 알 수 있도록 간단하게 설명하고, 환자를 위한 기도 제목을 만들어서 보냅니다. 많은 이들이 어떻게 기도해야 할지 모르겠는데 기도 제목을 보내주니 기도하기가 너무 좋다고 말합니다. 청년의 어머니가 기도 제목을 보내는 대상이 100여 명이라고 하는데, 그 기도문을 받는 이들이 또 다른 이들에게 재전송하면서 청년을 위한 중보기도자들이 많이 일어나게 되었습니다. 기도 제목이 기도할 수 있도록 사람들을 묶어주고 있습니다. 제가 그 청년을 위해서 중보기도하는 것도 중요하지만, 기도 제목을 보내줌으로써 더 많은 이들이 기도자로 설 수 있게 되는 것입니다.

❻ 같은 기도 제목으로 함께 기도하게 될 때 우리의 내면에 기도가 새겨지게 됩니다.

남편이 처음 예수동행운동을 시작할 때 "주님을 바라보라", "예수님과의 동행"이라는 말을 많이 했는데 이런 말은 그 당시 매우 생소한 말이었습니다. "보이지 않는 예수님을 어떻게 바라보느냐", "너무 신비주의적인 것 아니냐", "어떻게 24시간 주님을 바라볼 수 있느냐" 등등 질문도 많았고 말도 안 된다는 소리도 들었습니다. 그러나 지금은 정말 많은 목사님들과 성도들의 입에서 주님과 동행한다는 말이 자연스러운 말이 되었습니다. 교회를 방문해보면 대표기도 하시는 분들의 기도 속에 '예수동행', '주님을 바라보게 하소서'라는 기도가 들어 있는 것이 큰 감격이 됩니다. 십년이 넘는 시간 동안 계속 전했고, 계속 들었고, 그것을 위해 서로 기도했기 때문입니다.

오래된 이야기이지만 어떤 목사님이 지금은 돌아가신 김선도 목사님이 군목 시절에 섬기던 교회에 가보셨다고 합니다. 군대 영외에 있는 교회에 모이는 사람은 할머니들 몇 명뿐인데, 목사님은 '하나님의 비전'에 대해서 마치 몇 백 명의 사람이 있는 것처럼 열심히 전하시는 모습을 보며, 과연 이 교인들이 목사님의 저 말씀을 알아들을까 하는 생각이 들었다고 해요. 그런데 대표기도를 하시는 할머니께서 "우리가 하나님의 비전을 품고…" 이렇게 기도하셔서 깜짝 놀랐다는 말씀을 하셨습니다. 그 이야기를 들으며 믿음은 들음에서 난다고 하였는데, 계속 들은 기도 제목이 우리 마음으로 들어와 입술의 기도가 된다는 것을 더욱 깨닫게 되었습니다.

교회에서 교회의 핵심 가치를 정했다면 그것을 기도 제목으로 만들어서 계속 기도하는 것이 중요합니다. 그 가치가 이루어지기 이전에 계속되는 기도를 통해 기도 제목이 성도들의 심령에 먼저 심기게 됩니다.

❼ 같은 문제의 기도일지라도 누가, 언제, 어떻게 기도하느냐에 따라 기도 제목은 달라지게 됩니다.

기도 제목을 만드는 과정은 한 번 기도 제목을 올리면 끝이 아닙니다. 기도하는 과정 동안, 상황에 따라서 기도 제목은 계속 변화합니다. 바뀌는 기도를 기도 제목에 잘 반영해보십시오. 그러면 어떻게 기도가 달라지는지를 알게 될 것입니다. 깊어지는 기도 속에서 주님이 부어주시는 마음으로 기도 제목이 달라지는 것을 잘 반영하여 기도자들에게 나누는 것이 리더에게는 참 중요한 일입니다.

2. 기도 제목을 만드는 과정

❶ 기도 제목 작성은 책상에 앉아서 하는 것이 아니라 기도의 자리에 앉아서 하는 것입니다.

"주님! 우리가 무엇을 기도해야 할지 깨닫게 하소서! 가르쳐주십시오!"라고 반드시 구해야 합니다. 기도하면서 여쭈어보아야 합니다.

"지금, 이때에, 이 일을 통하여 하나님이 받으시기 원하는 기도의 영역과 주제는 무엇입니까?"

❷ 기도 제목을 받게 되는 통로

① 매스컴을 통해서 듣고 보는 뉴스가 기도 제목이 됩니다.

우리가 날마다 보고 듣는 뉴스들은 많습니다. 그런데 우리는 세상 돌아가는 소식을 알기 위해서 뉴스를 대하는 것이 아니라 그 뉴스들을 통해 이 땅을 경영하시는 하나님의 뜻을 깨닫고, 하나

7장 연합과 일치를 이루는 기도

님의 뜻이 이 땅에 이루어지도록 기도하기 위하여 뉴스를 보는 것입니다.

아무것도 모르는 백지상태에서 기도하는 것은 영적인 것이 아닙니다. 사실을 충분히 잘 알고 기도하는 것이 필요합니다. 가짜 뉴스들도 많기 때문에 뉴스를 대할 때 사실성, 정확성을 확인해보아야 합니다. 또한 긴급한 일인지, 시간을 두고 기도해야 하는 일인지, 실제로 기도할 가치가 있는 일인지도 살펴보아야 합니다.

한때 인도 오리사주에서 수많은 선교사님들이 처형되었다는 소식과 함께 긴급 기도 제목이 SNS에 퍼졌던 적이 있습니다. 기도하는 이들이 서로 그 뉴스를 퍼 나르며 중보기도 요청을 했습니다. 중요한 기도 제목이지만, 인도의 선교사님을 통해 실제로 그런 일이 일어났는지를 확인해보니 사실이 아닌 것으로 판명이 되었습니다. 실제로 그 뉴스는 몇 년 뒤에 다시 재생산되어 유포되었습니다. 왜 이런 일이 일어날까요? 선교지의 긴급 기도 제목이 올라오면 급한 마음이 들어서 사실을 확인할 생각도 하지 않고 바로 기도하게 됩니다. 사탄은 마치 양치기 소년의 이야기처럼 사실이 아닌 일들로 판명되는 뉴스들을 통해 진짜 긴급한 일이 생길 때 사실을 믿지 못하게 만들어서 오히려 기도가 모아지지 않도록 하는 것입니다.

② 기도 중에 주시는 말씀이 기도 제목이 됩니다.

기도하다보면 불현듯 떠오르는 생각이 있습니다. 이것을 잘 적어놓을 필요가 있습니다. 아주 중요하게 주신 기도 제목인데도 적어놓지 않으면 기도가 끝나고 다른 일로 분주하다보면 잊어버립니다. '아주 중요한 것이었는데…' 이 생각만 남습니다. 나중에 보면 아주 중요한 것이 있기도 하고, 내 생각이기도 한 것이 분별이 됩니다.

또한 기도 중에 주시는 말씀에 순종하여 걸음을 내디뎌보는 일도 중요합니다. 기도할 때 생각나는 사람이 있다면 연락을 취해보는 것입니다. 별일 없다고 하는 경우도 있지만, 꼭 위로가 필요하고 돌봄이 필요한 경우가 있습니다. 그럴 때 기도 중에 떠오르는 생각에 순종한 것이 주님의 통로가 됩니다.

단순히 나의 순종을 넘어 그에게 하나님이 그를 기억하신다는 사인(sign)이 되어 낙심한 마음을 일으키고 무너진 기도를 일으키게 됩니다.

③ 말씀을 읽을 때 주시는 기도 제목을 붙잡습니다.

말씀기도를 하다보면, 오늘 주어진 본문의 의미를 깨닫게 되고 주님의 마음을 알게 되면 그것이 기도 제목이 됩니다. 성경 말씀에서 붙잡게 된 기도 제목인데, 마치 말씀이 지금 내 상황과 형편을 알고 있는 것처럼 그 기도 제목 속에 내 문제가 다 들어가는 경험을 하게 됩니다. 어제나 오늘이나 영원토록 동일하신 예수 그리스도께서 오늘 내게도 동일한 말씀이 되고 기도가 되게 하시는 것을 알게 됩니다. 말씀으로 기도 제목을 붙잡게 되고 기도하다보면, 말씀이 기도의 확실한 근거가 되기에 기도가 흔들리지 않고 나아가게 됩니다.

④ 중보기도를 요청받은 일들이 기도 제목이 됩니다.

여러 가지 다양한 기도 요청을 받지만, 단순히 기도 제목을 나열하여 기도를 드리기보다 부탁받은 기도 제목들을 통해 영혼이 세워지고 강건해지며 그의 인생을 향한 하나님의 뜻이 이루어지도록 기도합니다. 예를 들면, 선한목자교회에는 담임목사를 위한 기도팀이 있습니다. 기도팀을 맡은 권사님께서는 매주 제게 연락을 주셔서 안부를 물으셨습니다. 담임목사의 스케줄이나 기도 제목은 다 나와 있으니 그냥 보고 팀원들과 기도할 수도 있습니다. 그런데 늘 형편을 돌아보시는 것을 보며 진짜 마음을 다해 기도해주시는 것을 알 수 있었습니다. 그래서 더욱 신뢰하며 기도 요청을 했던 기억이 납니다.

교회의 중요한 일정이나 목회자들을 위한 중보기도를 요청받는 경우, 중보기도는 어떤 사역을 돕기 위해서 하는 것을 넘어 그 일을 통해, 혹은 교회를 향한 하나님의 뜻이 성취되도록 기도합니다.

중보기도를 요청한 사람을 위해 기도를 하다보면 이 기도가 그를 위한 기도를 넘어서서 오히려 기도 요청을 받은 나를 위한 기도였다는 것을 깨닫게 될 때가 얼마나 많은지요.

⑤ 기도 제목을 만드는 일은 전략적인 기도를 위해서도 중요합니다.

매년 무슬림의 라마단 기간 동안 무슬림을 위한 중보기도를 합니다. 사실 라마단 기간이 무엇인지, 그들이 이 기간 동안 무슨 기도를 어떻게 하는지 알게 되면 무슬림들이 주님께로 돌아오는 일을 위해서 구체적으로 중보할 수 있을 것입니다.

예를 들면, 한 달 동안 진행되는 라마단 기간 중 27일째 되는 날에 그들은 권능의 밤을 보냅니다. 그 날은 1년 동안 지은 모든 죄를 회개하는 날입니다. 그리고 그 회개의 효과는 83년 동안 보증된다고 합니다.

한번은 라마단 기간에 우루무치에 간 적이 있습니다. 저녁 식사를 하러 식당에 갔는데, 한쪽 방의 큰 테이블 위에 온갖 음식이 가득 차려져 있었습니다. 해가 지고 밤이 되면 먹으려고 음식을 잔뜩 준비해놓고 기다리고 있는 것이었습니다. 그들은 라마단 기간 동안 해 뜰 때부터 해가 질 때까지 금식을 합니다. 하지만 그 기간에 소비되는 음식의 양이 평소보다 훨씬 더 많다고 하니 그들의 금욕적인 금식이 얼마나 생명 없는 행위인지를 알게 됩니다. 막연하게 무슬림들을 위해서 기도하는 것과 기간을 정해서 그들과 동일한 기간에 구체적으로 그들을 위해서 기도하는 것이 얼마나 효과적이고 전략적인 기도가 되겠는지요.

악한 영을 대적하는 기도를 하려면 먼저 우리 자신을 돌아보는 일이 중요합니다. 이슬람교도들에게는 여전히 환대 문화가 있어서 나그네를 정성껏 대접합니다. 우리가 기독교인임에도 자기의 집으로 초대해서 대접하고 잠자리까지 제공합니다. 그런데 현대의 그리스도인들에게서는 집을 개방하고 환대하는 문화를 잘 찾아보기 힘듭니다. 우리가 회복해야 할 부분이기도 하지요. 막아서는 기도도 중요하지만, 우리가 잃어버린 부분들을 다시 세워가는 것도 중요하겠습니다.

❸ 기도 제목이 되는 정보를 다룰 때는 이런 점에 유의해야 합니다.

들었거나 읽은 정보의 긴박성과 사실성을 확인하는 일이 중요하며, 정보의 출처를 확인하는 것도 중요합니다. "…카더라" 하는 내용을 공적 모임에서, 교회 안에서 기도 제목으로 삼을 경우에는 분명한 확인이 필요합니다. 뉴스는 사실에 기초한 보도이지만 기자의 관점이 들어가게 됩니다. 정보의 사실 여부와 정확성과 더불어 기사의 의도 등을 파악할 필요가 있습니다.

정보의 방향성과 의도를 알기 위해서 정보의 출처를 확인하는 일도 중요합니다. 현재 여러 이단들이 언론 기관을 운영하고 있습니다. 이단과 관련된 언론 기관 등을 걸러내는 것이 필요합니다. 미국의 크리스천사이언스모니터(이단), 워싱턴 타임즈(통일교), 세계일보(통일교), 천지일보(신천지) 등이 있습니다.

보수언론과 진보언론은 한 가지 사실 여부에 대한 관점이 극명하게 다르므로 어떤 한 가지 보도만을 근거로 기도 제목을 만들기보다는 보수언론과 진보언론을 비교해보고 사실 여부를 확인하여 기도 제목을 만들어야 합니다.

3. 기도 제목 만들기

기도 정보와 자료들을 확인한 후 사실 여부가 정리되었다면 이제부터 실제로 기도 제목을 만들어야 합니다.

❶ 하나님의 마음을 먼저 구합니다.

하나님의 마음은 일의 성공보다 영혼을 살리는 일에 있습니다. 그러므로 사실을 기도 제목으로 삼을 때 주님의 시선으로 기도 제목을 보면 기도 제목이 달라지게 됩니다.

한번은 미국에서 남편이 집회를 인도할 때 있었던 일입니다. 설교 후 광고를 담당하시는 분이 나와 광고를 하는데 20분 정도 하시는 거예요. 제가 속으로 '설교에서 받은 은혜를 긴 광고가 지워 버리고 있네…' 이런 생각을 했습니다. 그래서 '주님, 광고를 빨리 마치게 해주세요' 이렇게 절로 기도가 되었습니다.

그런데 집회를 마치고 숙소로 돌아갈 때 운전해주시는 목사님이 이렇게 이야기를 하시는 겁니다. "광고가 너무 길어서 힘들지 않으셨어요? 이해하세요. 여기 시골에 있는 목사님들은 말할 기회가 별로 없는데, 이렇게 많은 분들이 모인 것을 보고 흥분이 되어 말이 길어지곤 합니다." 긴 광고를 들었지만 반응은 저와 어찌 이리 달랐을까요. 목사님들의 애환을 알고 있는 목사님은 따뜻한 시선으로 광고를 하신 분을 볼 수 있었기 때문이겠지요. 제가 그때 그 마음을 알았더라면 제 기도가 "미국의 시골에서 목회하시는 목사님들의 마음을 위로해주시고 항상 함께 계시는 주님을 바라보게 해주세요"가 되었을 것입니다.

❷ 성경적인 눈으로 해석해야 합니다.

중요 이슈가 되는 기도 제목에 대해서 세상적인 가치관과 하나님나라의 가치관의 차이를 기도 제목 작성자가 먼저 알아야 합니다. 우리가 옳다고 생각하는 것을 기도 제목으로 삼는 것이 아니라, 성경 말씀이 옳다고 하는 것을 기도 제목으로 삼습니다. 예를 들어 동성애 문제를 기도 제목으로 삼을 경우, 세상에서는 동성애를 바라보는 시각이 둘로 극명하게 갈립니다. 문제라고 보는 시각과 선택의 자유라고 보는 시각입니다. 믿는 이들 안에서도 그렇습니다. 성경은 분명하게 죄라고 말합니다. 그렇다면 기도자는 성경의 원칙을 따르되 이 문제를 바라보는 주님의 마음을 구해야 합니다. 판단과 정죄가 아니라 돌아오기를 기다리는 아버지의 마음, 세상의 문화와 교육제도를 통해 그저 개인의 선택의 문제라고 여기는 풍토 등등 꼬리를 물고 이어지는 기도 제목을 우선순위에 따라서 잘 정리해야 합니다.

❸ 영적인 이면을 파악하여 눈에 보이는 기도 제목뿐 아니라 감추어진 기도 제목도 찾을 수 있어야 합니다.

마음을 아프게 하는 여러 가지 사건 사고의 소식들을 하루에도 여러 번 접합니다. 그때마다 사건과 사고의 배후에서 역사하는 사탄을 보아야 합니다. 나쁜 소식 같아도 결국은 하나님의 의를 이루는 일들도 있습니다. 섣불리 좋다 나쁘다를 내 생각으로 판단하지 말아야 합니다. 긴 호흡으로 일하시는 하나님의 역사를 보아야합니다.

❹ 믿음의 태도를 결정하고 기도 제목을 만듭니다.

바실레아 슐링크의 책에 이런 내용이 나옵니다. "걱정거리를 해결할 수 있는 방법은 우리를 에워싸고 있는 걱정거리와 문제들이 많이 있지만, 이것이 하나님의 계획의 일부분이라는 것을 확신하는 것이다"[11]라고 했습니다. 지금의 상황이 나쁘게 벌어지고 나에게 어려운 일이지만, 이 모든 악조차도 그것을 다스리시는 하나님의 놀라운 섭리 안에 있는 것이지, 하나님의 능력이 미치지 않는 범위에 악이 존재하는 것이 아닙니다. 그러니 지금 어려운 일을 겪고 있더라도 모든 일이 하나님 안에 있음을 믿습니다. 하나님께는 계획이 있고, 하나님께는 답이 있습니다.

믿음의 태도와 결정을 보고 기도하기 시작하면 기도가 달라집니다. "하나님, 왜 이런 일이 일어났어요?", "하나님, 나를 사랑하시는 게 맞아요?", "이건 언제 응답되나요?", "왜 내 문제를 해결해주지 않나요?" 이렇게 기도하는 것과 "지금 내 문제는 힘들고 어렵지만, 하나님이 이 상황을 알고 계시고, 보고 계시고, 다스리시고, 나를 향한 사랑의 계획을 가지고 계심을 내가 믿습니다"라는 태도는 극명히 다릅니다. 믿음의 태도가 분명한 기도 작성자가 기도 제목을 만들면 그 기도 제목은 기도하는 사람들로 하여금 동일한 믿음의 기도를 하게 만듭니다. 그렇게 되면 기도의 방향 자체가 달라지게 됩니다.

❺ 기도 제목이 시의적절한 기도 제목인지를 판단합니다.

긴급하고 중요한 기도 제목은 항상 1순위가 되겠지요. 긴급하지도 않고 중요하지도 않은 기도 제목은 다룰 필요가 없을 것입니다. 중보기도자들은 중요하지만 긴급하지 않은 기도 제목들을 중요하게 붙잡아야 합니다. 하나님나라와 의를 구하는 기도는 당장 발등에 불이 떨어진 것 같은 긴박한 기도는 아닙니다. 그러나 이 기도는 너무나 중요한 기도입니다. 그리고 기도하다보면 긴박한 기도라는 것도 알 수 있습니다. 가정과 교회를 위한 기도, 열방의 선교지를 위한 기도가 하나님나라와 의를 구하는 한 가지 초점을 향해 나아가기 때문입니다. 우리의 가정도, 교회도, 나라도 하나님의 주권을 인정하고 그 다스림을 받아야 합니다.

❻ 실제 기도문 작성

실제 문장으로 만들 때에는 장황하지 않고 단순명료한 설명이 되게 해야 기도자들이 그 제목을 받을 때 잘 기억하고 기도할 수 있습니다. 장황한 기도 제목은 막상 기도하려고 하면 생각이 나지 않습니다. 주어와 동사가 명확한 단문이 되도록 합니다. 주어진 주제와 연결되어 기도 제목들이 통일성을 갖게 합니다. 항상 기도의 근거가 되는 약속의 말씀이 있도록 하는 것이 좋습니다. 멀리서 외치는 기도가 아닌, 현장에 서 있는 것과 같은 현장감 있는 기도문이 되어야 합니다.

4. 기도 제목 만들 때 유의할 일

기도문을 만들어 나누면 사람들의 반응이 다 다릅니다. 나는 긴급하고 중요한 기도 제목이라 생각하고 나누는데 다른 사람들은 그렇게 생각하지 않는 경우가 있습니다. 그럴 때 서운해하거나 화를 낼 것이 아니라 아직 내가 생각하는 범위만큼 기도가 넓어지지 않았으니 그를 위해 기도하고 기다려줍니다. 기도 제목을 내는 것 자체가 기도를 일으키는 첫 번째 단계이니, 이제 첫 단계에 진입했다고 여기십시오. 또는 그가 중요하게 생각하는 영역이 다르고, 내가 중요하게 생각하는 영역이 다르니 같은 농도로 다 같이 기도할 수는 없다는 것을 받아들입니다.

기도를 하다보면 기도 제목이 없어지는 것이 아니라 오히려 늘어나는 것을 경험합니다. 때로는 기도할 제목이 너무 많아 오히려 기도 제목에 눌리고 좌절합니다. 또는 기도 제목에만 집중하다가 오히려 아버지 하나님의 마음을 놓칠 수도 있습니다. 기도하는 내용보다 내가 영적으로 충만한 상태를 유지하는 것이 중요함을 명심하십시오. 때로는 메마른 상태에서 기도를 시작했다가 주어진 기도 제목으로 기도하면서 충만함을 회복하기도 합니다. 무엇보다 자신의 영적 상태를 늘 충만한 상태로 유지하는 것이 다른 사람들을 섬기는 가장 큰 비결입니다.

이런 내용을 염두에 두고 기도 제목을 써보십시오. 자신의 개인 기도 제목도, 교회나 나라와 민족을 위해서, 무엇보다 하나님나라를 위해서 써보십시오. 여전히 기도 응답이 되지 않는 것 같아도, 매일 같은 주제 속에서도 기도 제목이 달라지는 것을 경험합니다. 기도가 기도의 방향을 찾아가는 것입니다. 기도의 응답이 보이지 않을 때에도 하나님은 여전히 일하고 계심을 알게 될 것입니다.

8장

백년기도

모든 기도자들은 이사야서의 말씀대로 사막에 물이 솟고 슬픔과 탄식이 바뀌어 기쁨이 되는 역사가 이뤄지기를 꿈꾸며 기도합니다.

광야와 메마른 땅이 기뻐하며 사막이 백합화같이 피어 즐거워하며 무성하게 피어 기쁜 노래로 즐거워하며 레바논의 영광과 갈멜과 사론의 아름다움을 얻을 것이라 그것들이 여호와의 영광 곧 우리 하나님의 아름다움을 보리로다 너희는 약한 손을 강하게 하며 떨리는 무릎을 굳게 하며 겁내는 자들에게 이르기를 굳세어라, 두려워하지 말라, 보라 너희 하나님이 오사 보복하시며 갚아 주실 것이라 하나님이 오사 너희를 구하시리라 하라 그 때에 맹인의 눈이 밝을 것이며 못 듣는 사람의 귀가 열릴 것이며 그 때에 저는 자는 사슴 같이 뛸 것이며 말 못하는 자의 혀는 노래하리니 이는 광야에서 물이 솟겠고 사막에서 시내가 흐를 것임이라 뜨거운 사막이 변하여 못이 될 것이며 메마른 땅이 변하여 원천이 될 것이며 승냥이의 눕던 곳에 풀과 갈대와 부들이 날 것이며 거기에 대로가 있어 그 길을 거룩한 길이라 일컫는 바 되리니 깨끗하지 못한 자

8장 백년기도

는 지나가지 못하겠고 오직 구속함을 입은 자들을 위하여 있게 될 것이라 우매한 행인은 그 길로 다니지 못할 것이며 거기에는 사자가 없고 사나운 짐승이 그리로 올라가지 아니하므로 그것을 만나지 못하겠고 오직 구속함을 받은 자만 그리로 행할 것이며 여호와의 속량함을 받은 자들이 돌아오되 노래하며 시온에 이르러 그들의 머리 위에 영영한 희락을 띠고 기쁨과 즐거움을 얻으리니 슬픔과 탄식이 사라지리로다

사 35:1-10

이 말씀이 바로 하나님나라와 의를 구하는 기도가 마침내 이루어진 현장이라고 믿어지기 때문입니다. 말씀이 멀게 느껴질 때에도 이 말씀을 붙잡고 기도해보면 가슴이 뜁니다. 그 날이 너무 가깝게 느껴지기 때문입니다. 그리고 이 일들이 성취되기 전에, 중보기도자들의 매일의 영적 상태가 먼저 이와 같이 되기를 간절한 마음으로 기도합니다. 우리가 기도하는 상황들은 하나같이 다 난공불락의 성처럼 단단한데, 단단한 성이 무너져내리고 주님의 나라가 반드시 온다는 것을 믿는 일은 오직 성령님의 도우심으로만 가능합니다.

말씀이 분명한 믿음이 될 때까지

어느 날 위의 말씀인 이사야서 35장 말씀을 붙잡고 기도하는 중에 주님이 이런 말씀을 주셨습니다.

"기도하지 않는 이들에게는 두려움이 있고, 기도하는 이들에게는 낙심이 있다."

실제로 기도하지 않는 이들은 기도 안 해서 벌받을까봐, 망할까봐 두려워하는 마음이 있고, 기도하는 이들에게는 기도해도 조금도 변화되지 않는 상황에 대한 낙심이 있습니다. 우리는 전 세계 열방을 향해 여러 영역의 기도 제목으로 매일 기도합니다. 그런데 열방 곳곳에서 일어나는 전쟁과 재난의 소식을 접하면서 '이렇게 세상은 나빠지는데 우리가 기도한다고 뭐가 달라질까요?' 하는 질문이 생깁니다.

멀리 열방이 아니라 나의 개인적인 삶은 어떠합니까? "말씀을 믿습니다"라고 고백하지만, "너에게는?"이라고 물으시는 주님께 "네. 저에게도 반드시 이루어질 말씀입니다"라고 고백하실 수 있습니까? 가장 절실하게 원하는 문제, 가장 사랑하는 이들을 향한 기도 제목들이 오히려 우리의 마음을 얼마나 낙심시키는지 모릅니다. 마귀는 수시로 절망스러운 상황들을 눈에 보여줍니다.

그런데 주님은 기도를 열심히 하는 사람들에게 있는 두려움과 낙심의 문제를 해결해주시길 원합니다. 주님은 기도하면서도 믿어지지 않는 우리에게 "믿어라"가 아니라 "내가 원한다"라고 말씀하십니다. 날마다 가족들의 얼굴을 대하며 그의 상태를 살피게 되니 매일 간절하게 기도하면서도 방황하는 자녀, 믿음에서 떠난 남편이 돌아오리라는 확신이 잘 생기지 않습니다. 그러나 가족들이 주님 앞에 돌아오는 일이 백 프로 하나님이 원하시는 일이 분명하다면 반드시 응답됩니다. 하나님이 원하시는데 그것을 가로막을 수 있는 것이 무엇이겠습니까.

"하나님은 구원이시다"라는 뜻의 이름을 가진 선지자가 멸망을 예언하는 말을 들으며 어떻게 회복의 소망을 가질 수 있을까요? 상황이 아닌 이사야의 이름 속에 담긴 하나님의 마음을 붙잡게 될 때 소망이 일어나는 것입니다.

마침내 이루어질 그 나라, 하나님의 완전한 통치가 이루어질 나라를 믿음으로 취하고, 그 일이 미래의 일이 아니라 매일 나의 삶 속에서, 나 자신에게서 이루어지는 경험을 하면서 소망은 분명한 믿음이 됩니다.

첫째로 우리가 믿어야 할 것은 '광야와 메마른 땅'은
우리의 기도를 기뻐하고 갈망하며
주님의 때를 사모한다는 것입니다(사 35:1-2).

광야와 메마른 땅이 기뻐하며, 사막이 백합화처럼 피어 즐거워할 것이다. 사막은 꽃이 무성하게 피어, 크게 기뻐하며, 즐겁게 소리 칠 것이다.

사 35:1-2 새번역

기도를 하면서도 우리 마음에 걸림이 있습니다. 예수 믿는 것에 대한 사람들의 거부 반응을 보면 우리가 마치 세상으로부터 손가락질당하는 일을 하는 것 같습니다. 우리가 기도하는 것을 기도 대상이 싫어하는 것 같이 느껴집니다.

실제로 싫어합니다. 자녀들의 변화를 위해 간절히 기도하는 부모를 보는 아이들은 감사해하지 않습니다. 싫어합니다. 남편이 예수님 믿기를 간절히 기도하는 그 기도를 좋아하지 않습니다.

정말 그럴까요? 아닙니다. 우리의 기도를 싫어하는 존재는 마귀뿐입니다. 그들의 겉사람은 싫어하는 것처럼 보여도 그들의 속사람, 그들의 영은 이 상태에서 벗어나기를, 살려주기를 간절히 원하고 있습니다.

> 피조물은 하나님의 자녀들이 나타나기를 간절히 기다리고 있습니다. … 그것은 곧 피조물도 썩어짐의 종살이에서 해방되어서, 하나님의 자녀가 누릴 영광된 자유를 얻으리라는 것입니다. **롬 8:19,21 새번역**

그러므로 기도하는 우리의 눈이 보이는 현실보다 더 실제인 영적 상황을 볼 수 있어야 믿음이 바뀝니다. "우리가 기도하는 세상은 간절히 구원에 이르기를 바라고 있어. 우리 자녀들은 우리의 기도를 갈망하고 있어." 우리를 저주하는 사람들조차 우리의 기도를 갈망합니다. 예수 믿는 사람들을 잡아죽이는 사람들조차 그 영은 살려달라고 부르짖는 것입니다.

우리의 기도가 부어지면, 하나님의 영광을 보는 그 때에 광야와 메마른 땅이 즐거워할 것입니다. 지금도 광야와 메마른 땅은 그 메마름을 적셔줄 은혜의 단비를 기다립니다. 우리의 눈물의 기도가 바로 메마른 땅을 적실 단비입니다. 아직은 응답이 보이지 않아 눈물만 흘리는 것 같아도, 그 기도는 단비입니다.

메마른 땅이 주님의 영광의 땅이 될 때 함께 기뻐하기 위해서 우리는 메마른 땅과 광야를 위해서 기도해야 합니다. 눈물을 부어야 합니다. 우리는 믿음이 없지만 믿음을 주시는 분이 하나님이시니, 먼저 입으로 선포하고 노래하면 그 노래가 나의 믿음을 바꾸고 믿음의 열매를 보게 할 것입니다.

우리가 믿을 것은 그때가 반드시 온다는 것입니다.
그러므로 약속의 말씀을 믿고,
'그때'를 바라보며 선포하는 것입니다(사 35:5-7).

하나님의 모든 약속은 그리스도 안에서 '예'가 됩니다. 그러므로, 그리스도로 말미암아, 우리는 "아멘" 하면서 하나님께 영광을 돌리는 것입니다. **고후 1:20 새번역**

이 말씀대로 내가 간절하게 기도하는 것이 아닙니다. 기도는 이미 그리스도 안에서 성취된 하나님의 말씀을 붙잡고 "아멘 아멘" 하는 것입니다.

그 때에 눈먼 사람의 눈이 밝아지고, 귀먹은 사람의 귀가 열릴 것이다. 그 때에 다리를 절던 사람이 사슴처럼 뛰고, 말을 못하던 혀가 노래를 부를 것이다. 광야에서 물이 솟겠고, 사막에 시냇물이 흐를 것이다. 뜨겁게 타오르던 땅은 연못이 되고, 메마른 땅은 물이 쏟아져 나오는 샘이 될 것이다. 승냥이 떼가 뒹굴며 살던 곳에는, 풀 대신에 갈대와 왕골이 날 것이다. 사 35:5-7 새번역

아멘 아멘! 주님이 이 역사를 친히 이루실 것입니다. 이루어질 때는 미래 시제이지만, 기도 안에서는 이미 이루어진 때입니다. 그렇기에 계속 기도할 힘이 생기는 것입니다. 그리고 그때는 반드시 옵니다.

2016년 2월 10일 사순절 첫날 매일합심기도를 시작하고 지금까지 8년째 기도를 해오고 있습니다. 하나님나라가 임하도록, 우리나라가 하나님을 경외하는 나라가 되도록, 남북이 복음으로 통일되도록, 한국 교회의 갱신과 새 부흥을 위해서 매일 기도합니다. 매일이 똑같은 기도 같아 보이지만 기도한 자만이 누리는 응답의 기쁨이 있습니다.

매일합심기도 두 번째 기도 제목이 "남북한이 속히 하나가 되어 복음으로 통일되게 하소서"입니다. 이 제목하에 2018년 1월부터 평창올림픽을 통해 남북간의 평화가 있기를 계속 기도하였습니다. 1월 16일 기도 제목에는 "평창 올림픽 남북 대화에 기도하는 이들과 하나님께 순종하는 이들을 세워 주소서"라는 기도 제목이 들어있었고, 1월 19일 기도 제목에는 "평창 올림픽이 사고없이 성공적으로 치러져, 남북관계의 전환점이 되며, 진행되는 남북 협상을 주관해 주셔서, 열려진 틈으로 빛과 자유와 복음이 북한 땅에 들어가게 하소서"라는 기도 제목이 있었습니다. 2월 8일에는 "남북 간의 화해와 감동적인 사건이 일어나게 해달라"는 기도를 드렸는데, 바로 그날 중보기도팀에서 평창으로 아웃리치를 갔습니다. 평창 동계올림픽 현장에 가서 기도하라는 주님의 마음을 팀에서 받았다고 했습니다. 저의 인간적인 생각으로는 '올림픽에 누가 이기든지 그게 무슨 상관이야. 꼭 거기로 가야 하나…' 싶었습니다. 그런데 팀에서 기도하고 그곳으로 인도하신다는 마음을 성령 안에서 받았기에 함께 평창으로 갔습니다. 이 일은 16일자 기도 제목에 대한 순종의 걸음이었다는 것을 나중에 깨닫게 되었습니다.

주님이 에스겔서 37장으로 말씀을 주셔서 평창의 수항교회에서 말씀기도를 하고, 두 막대기를 붙잡고 북이스라엘과 남유다가 하나가 되듯이 우리에게 남북이 하나 되는 기적을 달라고 기도했습니다. 마침 저희가 묵는 숙소가 대통령과 북한의 김여정의 만찬

이 열리는 장소였기에 그곳을 바라보며 기도할 수 있었습니다.

　나중에 들으니 그때가 한반도의 전쟁 위기가 최고조였을 때였다고 합니다. 그런데 평창 올림픽을 계기로 평화와 화합의 모습으로 극적인 변화가 이루어져 남과 북, 미국과 북한의 정상회담이 차례대로 열리며 나라 간의 화해로 국민들의 마음에 감동을 주었습니다. "남북 간의 화해와 감동적인 사건이 일어나게 해달라"는 기도 제목에 대한 응답이었고 19일자 기도 제목인 "남북관계의 전환점"에 대한 응답이었습니다. 이 일이 끝이 아니라 다시 남북관계가 어려워져서 안타깝지만 기도를 놓지 않게 하시니, 응답의 순간들을 디딤돌 삼아 남북의 평화로운 복음통일을 위해서 기도하고 또 기도합니다.

　벌써 지난 일이 되었지만, 미국 연합감리교회의 총회를 위해서, 대만의 동성애찬성 법안의 통과를 막아서는 일을 위해서, 무슨 오지랖이라고 제 앞가림도 못하면서 이런 기도를 매일 올렸던 것일까요? 그날이 반드시 오기 때문입니다.

　그리고 그날이 되기까지 아무리 어려운 기도라도 결코 포기할 수 없기 때문에 기도하는 것입니다. 하나님이 우리를 보시며 "더 이상은 못하겠다. 여기까지다!" 이렇게 말씀하시며 포기하셨던 순간이 한순간이라도 있었다면 우리는 어떻게 되었을까요?

　억류된 이들을 위해 기도하며 억류된 목사님 사모님들과 교제하며 알았습니다. 10년째 기도해도, 아무런 응답이 없어도 결코

　　　　　　　　　　　　　　　　　　　　8장 백년기도

포기할 수가 없습니다. 여러분의 가족이 생사를 알 수 없는 상황이라면, 10년 기도했다고 포기하겠습니까? 그럴수록 더욱 간절한 기도가 올려질 것입니다.

2022년 10월 마지막 토요일에 중보기도팀에서 네 팀으로 나누어 현장 기도를 갔습니다. 이 나라의 정치를 위해 국회와 용산으로, 언론을 위해서 광화문으로, 다음세대를 위해서 이태원으로 갔습니다. 이태원팀이 오후에 이태원으로 가서 골목골목을 걸으며 기도하고 이태원교회에 모여서 기도하고 돌아오려고 하는데 주차장에서 차를 뺄 수가 없어서 또다시 차 안에서 2시간을 더 기도하고 새벽 1시에 집에 돌아왔습니다.

그런데 사고가 난 것입니다. 주일 아침이 되어 이태원에 다녀온 분들이 눈물로 하나님 앞으로 나아갔습니다. "주님, 이게 뭡니까? 도대체 이게 뭡니까! 우리의 기도는 어디로 간 것입니까?" 권사님 한 분이 그날의 일을 간증하시는 자리에서 이렇게 고백하셨습니다. "우리의 기도가 마치 바위에 바늘을 꽂는 것 같아도, 그 바늘 구멍을 통해 주님의 생명이 바위틈으로 흘러들어 갈 것이기에 우리는 포기하지 않고 기도합니다." 어느 세월에 바늘로 바위를 뚫을 수 있을까요?

이것이 기도입니다. 몇몇 교우들이 찾아오셔서서 그 기도 때문에 우리 아들이, 우리 딸이 그 현장에서 살아 돌아왔으니 낙심하지 마시라 감사 인사를 하셨습니다. 그날은 반드시 옵니다. 그래서 우리는 그때를 위해서 매일 기도하는 것입니다. 상황이 나빠져도 좋아져도 주님 오실 그날, 영광의 그날까지 기도하는 것입니다.

백년기도를 하라

밤마다 본당에서 기도하던 어느 날, 2022년 6월 5일입니다. 기도할 때 주님이 "너의 기도는 몇 년을 내다보는 기도냐?" 하고 물으셨습니다. 그리고 "백년기도를 하라"는 말씀을 주셨습니다. 앞으로 제 남은 삶을 생각하면 앞으로 몇 년이나 더 기도하게 될까요? 앞으로 제가 백 살까지 산다고 해도 100년에는 반도 못 미치는 날들입니다. 그래도 주님이 말씀하시니 그 말씀을 "아멘"으로 받고, 그날을 백년기도의 첫 날로 삼아 그날 이후 저는 백년기도를 드리고 있습니다. 2024년 2월 7일 기준으로 백년기도의 615일째입니다.

백년기도를 처음 드린 제 기도의 첫마디는 "길게 보며 기도하지 못한 것을 회개합니다"였습니다. 주의 나라를 구하는 기도는 영원을 향해 가는 기도인데, 제 기도는 얼마나 짧은 시야만을 가지고 있는지요.

모라비안교도들이 헤른후트 공동체에서 강력한 성령 체험을 한 후 백년 동안 매일 그 기도를 이어와서 대부흥의 기초가 되었던 것과 같이, 제 기도가 백년 동안 이어갈 가치 있는 기도가 되길 기도하였습니다. 백년기도는 내가 그 열매를 보지 못하더라도 반드시 해야 할 기도, 하나님나라에까지 이어질 가치 있는 기도입니다. 요즘은 "저로서는 혼자서 감당하지 못하니 100년을 나눠 맡을 기도자를 일으켜주소서. 백년 뒤에도 기도를 이어갈 이들을 세워주소서"라고 기도합니다.

누가 그다음입니까?(Who is the next?)

지난 9월 호주에서 세미나가 있었습니다. 시드니에서 사모 세미나를 먼저 한 후에 목회자세미나와 교민 집회가 이어지고, 곧바로 퍼스(Perth)로 가서 또 세미나와 집회가 이어지는 일정이었습니다. 퍼스는 큰 도시이지만 한인들이 많지 않은 곳이고 시드니와 멀리 떨어져 있으니 한국에서 목사님들이 오셔도 잘 방문하지 않는다고 꼭 와달라는 요청이 있었습니다. 남편은 이 일이 하나님의 인도하심이라 여기고 순종했는데 말이 한 나라이지 시드니에서 퍼스까지 5시간이 넘게 비행기를 타고 가서 세미나를 하게 되니 육신적으로 너무 고단하고 힘이 들었습니다. 그래서 하나님께 "저는 왜 여기에 와야 했습니까?"라고 묻는 기도를 하게 되었습니다.

도착한 다음 날인 화요일은 청년연합집회가 있었는데 퍼스의 청년들이 스스로 모여서 연합집회를 준비했다고 했습니다. 각 교회를 방문하여 준비기도모임을 하고, 스스로 헌금하여 참가자들을 위한 간식 준비를 했다는 것입니다.

퍼스에 교회가 열 개 정도 있는데, 청년들은 모두 합쳐서 100명

정도 되니까 아마 오늘 집회에는 20명 정도 모일 거라는 이야기를 들었는데, 실제로 200명 정도의 청년이 모였습니다. K팝 열풍을 타고 믿지 않는 청년들, 한국말을 모르는 다른 나라 청년들까지 왔습니다. 주님이 뭔가 일하고 계신다 싶었습니다. 계속 기도를 하며 "왜 퍼스가 하나님의 부흥을 위한 진원지인 것처럼 계속 기도를 시키십니까?"라고 질문했습니다.

수요일 아침 목회자세미나 강의 준비를 하는데 기도동역자 사모님 한 분이 신문 기사 하나를 보내주었습니다. 부산에 온 최초의 호주 선교사였던 조셉 데이비스(Joseph Davis)에 대한 글이었어요. 조셉 데이비스는 1889년 10월 한국에 도착해서 5개월 동안 언어 훈련을 하고 부산으로 갔어요. 더 많은 사람들에게 복음을 전하기 위해 서울에서 부산까지 걸어서 갔는데, 부산으로 가는 도중에 지치고 병에 걸려 한국에 온 지 6개월 만인 1890년 4월에 그만 죽고 말았습니다. 33세 가을에 한국에 도착해서 34세 봄에 부산에 묻힌 것입니다.

데이비스 목사가 죽은 지 한 달이 지난 1890년 5월 6일, 그의 고향이자 파송 교회인 멜버른의 스콧교회(scots church)에서 데이비스 선교사 추모기념 예배를 드릴 때 그곳에 성령님이 임하셨습니다. 데이비스 선교사님의 죽음으로 이제 누가 선교사로 가겠나 하는 낙심이 드리워져 있을 때 성령님은 그 예배에 참석한 이들의 마음에 한국 선교에 대한 헌신을 불같이 일으키셨습니다. 그때

헌신한 자매들이 부산에 가서 세운 병원이 일신기독병원입니다. 그리고 그 불길은 호주 전역으로 퍼져나갔습니다. "Who is the next?"라는 질문이 호주 그리스도인의 가슴을 울리는 물음이 되었습니다.

'부산은 지금도 영적으로 척박한 땅인데 그들은 1889년도에 어찌 이곳에 올 생각을 했을까? 한 알의 밀알이 땅에 떨어지면 많은 열매를 맺는다고 했으니 부산은 그런 씨가 심긴 땅이구나. 현재 척박한 여러 가지 일들은 다 주님의 계획 속에 있구나…' 그래서 다시 마음이 뜨거워졌어요.

퍼스까지 가서 호주의 부흥을 위해 간절하게 기도하게 하시는 주님의 뜻을 비로소 깨달았어요. 저를 그곳으로 부른 한 사람은 조셉 데이비스였어요.

한편, 제가 귀히 여기는 집사님이 있는데, 그 집사님 가정은 현재 경제 형편이 아주 어려운데도 허락하신 모든 재정을 하나님의 뜻대로만 쓰는 가정입니다. 아들이 이번 학기 학비 마련을 위해 아르바이트를 해서 사분의 일 정도의 학비를 모았습니다. 그런데 주님이 전액 장학금을 주셨습니다. 제 생각에는 '알바한 돈으로 이번 학기 용돈을 하면 되겠구나' 생각했습니다.

그런데 시드니에 있을 때 카톡이 왔습니다. 학비는 주님이 해결해주셨으니, 자기가 알바해서 모은 돈을 하나님께 드리기 원한다고, 호주에서 그 통로가 되어달라고 연락이 온 거예요. 제 마음

같아서는 "너, 아무것도 없잖아. 그냥 써" 이러고 싶었지만, 그의 기도에 저도 기도로 반응해야 했어요. 저는 그 1천 불 때문에 시드니에서부터 퍼스에 도착해서도 계속 기도를 했습니다.

"주님, 이 재정을 어디에 흘려보내야 합니까?" 이 질문에 대해서 조셉 데이비스에 관한 기사가 답이 되었습니다.

조셉 데이비스 추모 집회에서 누가 다음에 갈 사람이냐고 도전했던 물음, "Who is the next?"에 대한 답은 바로 이 땅의 젊은이들과 한국에서 헌금한 청년과 같은 우리의 청년들입니다. 저는 그 일을 위해 기도를 심도록 보내신 거였어요. 그래서 강의를 하면서 조셉 데이비스가 저를 여기로 불렀다고 말씀드리고, 이 헌금에 대한 스토리를 이야기하고, 목사님들에게 부탁을 드렸습니다. 의논해서 다음세대를 위해 써달라고 말입니다.

강의 마지막 부분에 이 이야기를 하고 내려왔는데, 바로 뒤이어 목사님 한 분이 앞으로 나오시더니 자기가 좀 이야기를 하겠다고 하셨어요. 퍼스의 청년 연합이 그동안 안 되었던 것이 다 자기 때문이라고 하시는 거예요.

자신은 10년 전까지 퍼스에서 큰 교회 담임목사였는데 그때에는 청년들을 위해서 열심히 일하셨다고 해요. 그런데 그 교회를 사임하고 나와 작은 교회를 하다보니 청년 연합을 위한 사역을 감당할 여력이 없었다고 하면서 자기 때문이라고 우시는 거예요. 그러면서 목사님들에게 우리가 청년들을 살리고 청년 연합을 위해

8장 백년기도

서 힘을 합치자고 눈물로 호소하셨어요. 모든 일정을 다 마친 후 목사님들과 함께 모여 교제하며 예수동행일기 나눔방도 만들고 연합의 역사를 이루게 되었습니다.

저는 오늘도 여러분에게 호소하고 싶습니다. 누가 그다음입니까? Who is the next? 우리 눈에 열매가 보이지 않는 백년기도에 동참할 분들은 누구입니까?

> 이 기도의 길은
> 하나님나라에 눈이 열린 자만이 갈 수 있는 길이고,
> 거룩하신 하나님과 함께 가는 길입니다(사 35:8-9).

거기에는 큰길이 생길 것이니, 그것을 '거룩한 길'이라고 부를 것이다. 깨끗하지 못한 자는 그리로 다닐 수 없다. 그 길은 오직 그리로 다닐 수 있는 사람들의 것이다. 악한 사람은 그 길로 다닐 수 없고, 어리석은 사람은 그 길에서 서성거리지도 못할 것이다. 거기에는 사자가 없고, 사나운 짐승도 그리로 지나다니지 않을 것이다. 그 길에는 그런 짐승들은 없을 것이다. 오직 구원받은 사람만이 그 길을 따라 고향으로 갈 것이다. **사 35:8-9 새번역**

반드시 그날이 온다고 믿어도 끝까지 기도할 수 있는 힘은 주

님을 사랑하고 더욱 사랑하는 것입니다. 힘들게 끝없는 기도를 하는 것 같아도 이 길은 거룩한 길이며 깨끗지 못한 자는 다닐 수 없는 길입니다. 선택받은 자만이 감당하는 사명입니다.

2016년 우루무치로 여선교사세미나를 갔다가 일정을 다 마친 후, 선교사님을 따라 동묘공원이라는 공원묘지에 갔습니다. 공원 입구에 있는 묘지는 비석도 세워져 있고, 꽃도 꽂혀 있었습니다. 그런데 가장 안쪽으로 들어가니 산꼭대기에 허허벌판이 나왔습니다. 선교사님은 그곳이 바로 예수 믿다가 순교한 이들의 무덤이라고 했습니다. 우리나라 양화진의 선교사 묘역은 잘 가꿔져 있지만, 거기는 무덤도 다 허물어지고 구덩이만 남은 곳도 있고 몇 개의 비석이 나뒹구는 허허벌판이었습니다. 무덤이 있다는 설명을 듣지 않았다면 그냥 황무지로 보였을 것입니다. 허물어진 흙무더기들을 보며 함께 기도하고, '주님 다시 오실 때까지' 찬양을 부르는데 정말 통곡이 나오더라고요.

'어찌 이분들은 이런 순교의 자리까지 가셨나, 무덤 하나 변변히 남지 않는 이런 곳에 묻혔나⋯.' 이분들의 순교 이후로 오랜 세월이 흘렀지만 아직도 중국은 자유롭게 신앙을 누릴 수 없는 곳이지요. 그런데 이분들은 믿음의 선진으로서 하늘에서 백 년이 넘는 세월 동안 이 땅을 보며 여전히 기도하고 계실 것입니다.

이분들은 거룩한 길을 걸었습니다. 사자나 사나운 짐승이 건드리지도 못하는 길을 걸은 것입니다. 우매한 행인들은 절대 걸을 수 없었던 길을 걸은 거예요. 사랑하면 그 사람을 닮고 싶듯이, 주님을 사랑하면 주님의 거룩함을 따라 나도 거룩해지고 싶고, 주님을 사랑하면 그 길이 어떤 길이든지 같이 가고 싶어집니다. 백 년을 한결같이 기도할 수 있는 힘은 오직 주님을 사랑하는 것, 더욱 사랑하는 것입니다.

> 이 길은 반드시 함께 가야 합니다.
> 주의 날을 사모하는 자들끼리 서로 격려하고 힘을 주며
> 같이 가는 공동체가 되어야 합니다(사 35:3-4).

하나님의 놀라운 약속이 이루어지는 그날, 하나님의 영광을 보는 그날을 위해, 주님이 우리에게 말씀하십니다. 기도하지만, 연약한 우리들의 형편을 아시고 말씀하십니다.

너희는 맥 풀린 손이 힘을 쓰게 하여라. 떨리는 무릎을 굳세게 하여라. 두려워하는 사람을 격려하여라. "굳세어라. 두려워하지 말아라. 너희의 하나님께서 복수하러 오신다. 하나님께서 보복하러 오신다. 너희를 구원하여 주신다"하고 말하여라. 사 35:3-4 새번역

합심기도의 힘은 함께하는 데에 있습니다. 기도자가 강하기 때

문이 아니라 연합이 능력이기 때문입니다. 이 연합은 기도의 응답을 향하여서도 강력한 힘이 되지만, 기도자 서로를 위해서도 능력이 됩니다. 연약한 자들이 서로 격려하며 나아갈 때 기도자들의 약한 손, 떨리는 무릎이 강하게 되며 굳세게 되는 것입니다. 내가 온전히 선 다음에 다른 사람을 세우는 것이 아니라, 내가 연약하기에 다른 사람과 같이 가야 삽니다. 나도 부족하지만 다른 사람을 세우면서 내가 굳건해집니다. 믿음의 길은 반드시 같이 가야 하고, 같이 가는 것이 생명입니다. 생명은 하나됨을 통해서만 흐르기 때문입니다. 몸에서 잘려 떨어져 나간 팔은 몸의 생명을 공급받을 수 없습니다. 몸도 팔을 하나 잃으면 두 팔이 있을 때와 같이 힘을 쓸 수가 없습니다. 나는 죽고 예수로 산다고 고백할 때, 내 생명이 내게 있지 않고 연합된 그리스도에게 있듯이, 내 생명은 나와 한몸 된 지체들에게 있는 것이더라고요.

우리의 본성은 내가 나를 위해서 구해도 부족하게 여겨집니다. 그런데 '한몸'과 '연합'의 비밀은 나를 쪼개어 다른 사람을 위해 내어주는 일이 오히려 나를 살리고 더욱 풍성하게 한다는 것입니다. 내가 나를 위해서 구하지 않아도 나를 위해주는 지체가 있다는 것이 얼마나 큰 복입니까.

사모로 살면서 사람들을 위해 감당해야 하는 기도의 부담이 크다고 생각했는데, 공동체를 이뤄보니 다른 사람들이 저를 위해서 기도해주는 몫이 훨씬 크다는 것을 알게 됩니다.

291

한몸 공동체와 생명의 역사

선한목자교회의 지난 20년 세월 동안 공동체의 하나됨의 가치를 붙잡고 달려왔습니다. 적어도 목사 공동체, 사모 공동체의 하나됨을 통해 성도들이 연합의 실제를 볼 수 있기를 소망했습니다.

처음부터 제게 그런 생각이 있었던 것은 아닙니다. 선한목자교회에 부임하고 나서 2005년 속장수련회를 하면서 남편이 모든 교인들이 하나 되기는 쉽지 않아도, 적어도 교회의 리더십인 속장들까지는 하나됨을 누려야 한다고 했습니다. 그전에도 수없이 '교회는 그리스도의 몸'이며 하나라는 설교를 들었지만, 그날 그 말씀이 제 마음을 쳤습니다. 그것은 성경에나 써 있지 실제 교회생활에서는 불가능하다고 여겼기 때문입니다.

"교회가 한몸인가?", "한몸은 고사하고 가족인가?" 가족은 징글징글해도 포기할 수 없는 것이잖아요. '그런데 우리는 가족인가요? 친한 사람들끼리는 가족 같아 보이지만, 그에게 문제가 생겼을 때 우리는 끝까지 품는 가족인가? 그런데 가족도 아니고 한몸이라고? 그것은 불가능한 일이야. 무엇보다 그렇게까지는 하기 싫어.' 이것이 제 마음이었습니다. 그날처럼 말씀이 괴로워서 많이 울었던 적이 없습니다.

그러나 말씀이 진리이니 고백했습니다. "주님, 저는 한몸을 어떻게 이뤄야 하는지 모르겠고 하기도 싫습니다. 그러나 주님의 말씀이 진리이시니 그렇게 해보겠습니다. 가르쳐주세요."

실제로 그 일은 얼마나 도전적인지 모릅니다. 포기하고 싶은 순간이 너무 많았습니다. 가족도 힘든데 한몸이라니, 내 팔을 자를 수도 없고, 내 발을 자를 수도 없어서 울며불며 하나님께 하소연을 하며 지냈습니다. '주님, 교인 목회도 어려운데, 교역자들 가정이 제 발목을 잡아요' 이러면서 기도했습니다. 한순간도 주님의 은혜 없이는 우리의 몸이 건강하게 살 수 없었기 때문에 은혜를 구하고 매달렸습니다. 성도들에게 '목사 가정도 하나가 안 되면서 우리보고 어떻게 하나가 되라고 해?' 이런 소리를 듣고 싶지 않아서, 적어도 가짜는 되고 싶지 않아서 몸부림쳤습니다. 지나고 보니 부교역자 가정을 제가 품고 도운 것이 아니라 그 분들이 저를 살리고 도왔습니다.

제가 기도조차 할 수 없는 상황을 만났을 때 연약하게만 보였던 사모님들이 저를 위해서 금식하며 기도해주었고, 저의 사역을 위해서 기도로 동역해주는 은혜를 누렸습니다. 사명에서 도망치고 싶었던 어린 사모님들이 자기보다 나이가 훨씬 많은 교우들의 문제를 놓고 마치 엄마처럼 기도하는 용사들로 세워졌습니다. 가지 많은 나무에 바람 잘 날이 없다고 생각했는데, 많은 가지에 주렁주렁 달린 주님의 열매를 보는 감격을 주셨습니다. 공동체가 없었다면, 그리고 교회가 없었다면 지금의 이 풍성한 은혜를 누리지 못했을 것이라고 말합니다.

개인적인 가족들의 문제도 마찬가지입니다. '그 사람만 없으면…' 이런 생각을 할 정도로 힘들 수도 있습니다. 그러나 진리는 그 때문에 우리가 있고, 그 때문에 주님을 풍성하게 누리게 되었고, 마침내 그로 인해 내가 더욱 은혜를 누리게 될 것이라고 말합니다.

지금까지 목회하면서 모든 성도들이 다 귀하지만 저희에게 특별하게 마음을 쏟아주시는 분들이 계십니다. 다들 어려울 때 손 잡아드리고 같이 기도했던 분들입니다. 사도 바울이 교인들을 향해 나의 기쁨, 나의 면류관이라고 했는데, 가시로 여겨졌던 사람, 짐처럼 여겨졌던 사명이 저에게도 면류관이 되었습니다. 품기 어려운 사람들은 내 품이 얼마나 좁은지를 보여주는 거울이 되어 저를 하나님 앞에서 부끄럽지 않게 세워주었습니다. 너무나 감사한 분들입니다.

'성도'는 다른 말로 하면 "부르심을 받은 사람들"입니다. 이 단어는 복수로 쓰입니다. 성도의 이름값은 두세 사람이 예수님의 이름으로 모인 공동체로서 한몸이 될 때 비로소 그 의미가 사는 것입니다.

우리가 '예수님이 이끄시는 교회'라는 표어를 내걸다가 그다음에 '사랑으로 소문난 교회', 그다음에 다시 '24시간 예수님을 바라보라'는 것으로 바뀐 것이 아닙니다. 그것은 다 하나를 말하는 것입니다. 예수님이 이끄시는 걸음을 따라가다보니 사랑으로 소문난 교회가 되어야 함을 깨닫게 되었고, 예수님의 이끄심에 순종하고 분별하려니 그 예수님을 바라보게 되는 것이 가장 선행되어야 함을 깨닫게 된 것입니다.

사랑으로 소문난 교회, 24시간 주님을 바라보는 교회가 되는 일에 초점을 두고 나아가다보니, 주님의 마음이 머무는 곳을 향해 나아갔고, 교회가 이웃 교회를 향해, 세상을 향해 많은 일들을 감당하도록 이끄셨습니다. 코로나 시기에 교회에 모일 수는 없어도 교회가 세상을 향해 감당해야 할 일들을 오히려 더 감당하게 하셨습니다.

그런데 주님은 우리가 밖으로 주의 사랑을 전하는 것도 귀하지만 그렇게만 한다면 지쳐서 곧 시들어버리고 말리라는 것을 알게 하셨습니다. 성도가 연합하여 그 안에서 사랑으로 절절 끓는 한 몸 공동체가 되어야 몸의 생명이 흘러가게 됩니다. 함께하는 사람이 정말 감사하고, 사랑이 되고, 그래서 그와 더불어 섬기는 일이 기쁨이 되어야 합니다.

나는 무명자, 오직 예수 그리스도의 이름으로

교회는 포기할 수 없는 주님의 몸이고, 그 몸의 성도들은 반드시 하나됨으로 연합을 이루어야 합니다. 저는 연합의 3대 요소는 '생명', '하나됨', '무명의 가치'라고 생각합니다. 연합의 접착제는 이름 없이 빛도 없이 기도하는 무명의 용사들입니다. 비록 제가 기도회를 인도하고 기도에 대해서 가르치지만, 누군지 이름을 알 수도 없는 수많은 이들이 교회의 기도를 이끌고 계십니다.

요즘 열왕기서, 역대서 말씀으로 말씀기도를 하면서 역사를 움직이는 이는 누구인가 생각하게 됩니다. 이런 왕들 때문에 나라가 일어서고 저런 왕들 때문에 나라가 망하는 것 같아도, 그 역사를 움직이시는 분은 하나님이시고, 하나님이 쓰시는 수많은 무명의 기도자들입니다. 우리 교회의 역사도 눈에 보이는 사람들은 앞에 서 있는 목회자들이지만 밤낮으로 그 자리에 나와 엎드려 기도하는 무명의 기도자들이 교회를 세워온 것입니다.

연합의 접착제가 무명인 것은 무명이 아니면 서로 붙기가 어렵기 때문입니다. 내 이름이 중요하고, 연합의 이유가 나라면 절대 붙기가 어렵습니다. 그런데 예수님 때문에 내 이름이 없어진 사람, 예수님 이름 외에는 아무것도 내세울 것이 없는 사람들은 예수님의 이름이 접착제가 되어 하나됨을 이루기 때문입니다.

어제나 오늘이나 영원토록 동일하신 예수 그리스도께서 어제의 나를 일으켜 세워 오늘의 기도의 자리에 앉아 미래를 위해 기도하게 되는 것이 놀라운 기적입니다.

백년기도에 동참할 이들을 찾습니다. 함께 백년 동안 기도하며 함께 하나님나라를 보기 원합니다.

주님께 드리는 나의 사랑 고백

하나님께서 이제는 책을 낼 때가 되었다는 마음을 주시고 재촉하시는데도 선뜻 용기가 나지 않았습니다. 하겠다고 하면서도 계속 늦어졌습니다. 이유는 날마다 새롭게 기도에 대해서 가르쳐주시는 것들이 있기 때문입니다.

저의 매일은 주님으로부터 기도를 배우고 실습해보는 도전의 날들입니다. 깨닫게 된 것을 정리하면 새롭게 눈이 열리고, "아, 그렇군요!" 하고 나면 또 깨닫게 되는 일들이 이어집니다. 여전히 배워야 할 것들이 많다보니 마치 제가 나이 많은 어린이처럼 여겨지기도 합니다. 그러나 늘 다정하게 가르쳐주시는 아버지의 세밀한 가르침은 앞으로도 계속 이어질 것이기에 오늘까지 배운 것으로 마무리를 해야겠다고 결정했습니다.

모든 기도의 초점, 예수 그리스도

책을 읽으시고 기도의 목적과 방법, 모든 기도의 초점이 예수 그리스도가 되셨는지 궁금합니다.

* 기도의 진리는 예수 그리스도 그분이십니다.
* 기도의 생명은 예수님과의 사랑의 관계입니다.
* 기도의 초점이 예수 그리스도이기에 말씀이신 예수님이 우리의 기도를 이끄십니다.
* 세상에서 살아온 내 안에 형성된 모든 관점들이 예수 그리스도의 안경으로 새롭게 조정되어 지식에까지 새롭게 하심을 입은 자로서 기도합니다.
* 영적 전쟁은 이미 예수 그리스도가 승리하신 전쟁을 우리가 삶의 현장에서 누리는 것입니다.
* 같은 기도 제목으로 기도하면서 함께 기도하는 이들의 마음과 생각이 예수 그리스도로 연합됩니다.
* 하나님나라와 의를 구하는 기도는 어린양 예수 그리스도를 따라가는 길입니다.
* 주님과 동행하는 자는 주님이 이끄시는 그 길로 나아가게 되어 있습니다.

우리에게 주어진 시간이 오늘뿐이든지, 백년 동안 이어지든지, 눈물 골짜기를 지나가든지, 푸른 초장을 지나가든지, 매일이 예수 그리스도와 함께하는 길이기에 그 길을 갑니다.

이 책은 '중보기도학교'에서 강의한 내용이 바탕이 되었는데, 중보기도학교의 과정에는 원래 〈교회와 중보기도〉라는 단원이 있었습니다. 이번 책에서는 다루지 못했지만, 이 주제에 대해서는 중보기도학교를 진행하시는 교회에서 형편에 맞게 구성하시도록 열어놓았습니다. 오직 예수 그리스도가 삶의 목적과 목표가 되는 기도자 한 사람을 통해 교회 안의 기도도 동일한 목적과 목표로 세워질 것이기에 주님을 더욱 기대합니다.

중보기도자가 나는 죽고 예수로 사는 복음으로 살아가면 교회 안에서 연합과 일치가 이루어집니다. 나와 너가 서로 연합하자는 구호나 마음의 결단으로는 절대 하나가 될 수 없지만 내가 죽은 사람을 통해서는 연합이 이루어집니다.

과학 실험을 할 때 인풋(input)이 있으면 반드시 아웃풋(output)이 나옵니다. 믿음도 믿음을 심으면 믿음의 열매를 거둡니다. 기도도 그렇습니다. 성경에서 말씀하시는 대로의 기도를 심으면 그 말씀대로의 기도를 거두게 됩니다. 우리는 막연히 기대하고 기도하는 자들이 아닙니다. 정확한 진리에 근거하여 부인할 수 없는 하나님의 사랑에 근거하여 기도하는 자들입니다.

선한목자교회의 기도 사역을 돌아보니, 교회의 기도의 방향이 분명하게 세워질 수 있었던 것은 교인들의 마음과 삶에 복음이 실제가 되면서부터였습니다. 복음이신 예수 그리스도가 우리 안에 오셔서 우리와 동행하시는 것이 날마다의 누림이 되면서부터 더욱 분명해졌습니다. 절대 당위성만으로는 지속할 수 없는 하나님 나라와 의를 위한 기도가 가장 중요한 기도의 초점이 되었습니다. 생명이 살아난 기도자들이 주변의 교우들이 살아나도록 섬기는 중보기도자가 되었습니다.

기도의 원형이 예수 그리스도이시고, 예수님이 바로 중보기도자 이시기에 '중보기도'와 '기도'를 같은 의미의 단어로 사용하였던 점을 기억해주시면 좋겠습니다.

기도할 수 있는 은혜를 주신 사랑하는 나의 주님께

남편이 은퇴하고 주일마다 다른 교회에 가서 설교를 하는 일상이 이어지고 있습니다. 그러다보니 매주 새로운 사람들과 새로운 환경을 대해야 하는 어려움이 있지만, 우리 주님의 마음을 알게 되는 유익이 있습니다. 어쩌면 그리 교회들의 모습이 알록달록 다양한지요. 어쩌면 그렇게 귀한 보석 같은 목회자와 성도들, 교회가 이 땅 구석구석에 심겨져 있는지요.

 '나의 교회'를 향한 초점에서 '우리 주님의 교회'로 눈이 열려갑니다. 우리 주님의 마음에 심겨져 있는 '그 교회'를 꿈꾸며 기도합니다. 주님이 교회의 머리이시니 진리와 사랑의 기도자들을 통해 주님이 원하시는 교회로 세워져갈 것입니다.

 나의 사랑 너는 어여쁘고 아무 흠이 없구나 아 4:7

 주님, 흠 많은 우리를 흠 없다 하시는 주님! 어찌 이런 놀라운 일을 선언하시는지요. 죽음으로 생명을 사시고 보혈로 우리를 씻으시니 우리가 완전합니다! 기도의 자리에 앉을 때마다 사랑 없는 나, 누추한 자신에 대해서 좌절할 때 어여쁘고 아무 흠이 없다고 하시다니요. 그 완전한 사랑의 힘이 다시금 예수 그리스도를 바라보게 하십니다.

 이 책을 닫으며 감사기도를 드리다가 비로소 책을 쓰게 하신 이유를 깨닫게 되었습니다. 저는 주님이 가르쳐주신 기도에 대해서 쓴 것이 아니었습니다. 주님이 제게 부어주신 사랑, 바로 기도할 수 있도록 하신 은혜에 대해 저의 사랑의 고백을 드린 것이었습니다. 그 사실을 깨닫고 제가 지금도 기도할 수 있도록 자기 몸으로 그 길을 활짝 열어주신 사랑에 감격하여 많이 울었습니다. 이 놀라운 복음이 내가 나를 바라보는 시선에도, 다른 이를 바라보는 시선에도, 한국 교회를 바라보는 시선에도 실제가 되게 하소서.

예수님과 결혼한 행복한 신부들이 자신의 행복을 전하는 중매쟁이가 되어 사랑의 불, 기도의 불을 붙이는 자가 되게 하소서. 작은 소그룹 기도 모임들에서 붙은 기도의 불씨가 교회 전체로 붙어가는 불이 되게 하소서. 이 땅의 모든 성도가 '기도의 집'이 되고, 모든 교회가 만민과 더불어, 만민을 위하여 '만민이 기도하는 집'으로 세워지게 하소서.

지금은 희미하게 보이나 기도로 분명하게 볼 수 있는 하나님나라가 속히 임하게 하소서. 저의 기도의 길이신 주님, 감사합니다! 주님, 사랑합니다!

예수께서 이르시되 내가 곧 길이요 진리요 생명이니 나로 말미암지 않고는 아버지께로 올 자가 없느니라 요 14:6

1 한희철, 《마음으로 새기는 어느 날의 기도》(도서출판 두리반, 2017)

2 김형익, 《우리가 하나님을 오해했다》(생명의말씀사, 2014)

3 팀 켈러, 《팀 켈러의 탕부 하나님》(두란노, 2016)

4 잔느 귀용, 《예수 그리스도를 깊이 체험하기》(생명의말씀사, 2019)

5 조나단 에드워즈, 《기도합주회》(부흥과개혁사, 2004)

6 나빌 쿠레쉬, 《알라를 찾다가 예수를 만나다》(새물결플러스, 2016)

7 박혜란, 《목사의 딸》(아가페북스, 2014)

8 대로우 밀러, 《생각은 결과를 낳는다》(예수전도단, 1999)

9 로자리아 버터필드, 《뜻밖의 회심》(아바서원, 2014)

10 낸시 피어스, 《완전한 진리》(복있는사람, 2013)

11 바실레아 슐링크, 《고난이 내게 준 선물》(예영커뮤니케이션, 2015)

도표

기도를 송두리째 바꾸신 예수 그리스도

초판 1쇄 발행	2024년 2월 27일
초판 14쇄 발행	2025년 4월 1일

지은이   박리부가

펴낸이   여진구
책임편집   안수경 김도연
편집   이영주 박소영 최현수 구주은 김아진 정아혜
책임디자인   조은혜 | 마영애 노지현 정은혜
홍보 · 외서   진효지
마케팅   김상순 강성민   **마케팅지원**   최영배 정나영
제작   조영석 허병용   **경영지원**   김혜경 김경희

303비전성경암송학교 유니게 과정
이슬비전도학교 / 303비전성경암송학교 / 303비전꿈나무장학회

펴낸곳   규장

주소 06770 서울시 서초구 매헌로 16길 20(양재2동) 규장선교센터
전화 02)578-0003 **팩스** 02)578-7332
이메일 kyujang0691@gmail.com   **홈페이지** www.kyujang.com
페이스북 facebook.com/kyujangbook   **인스타그램** instagram.com/kyujang_com
카카오스토리 story.kakao.com/kyujangbook
등록일 1978.8.14. 제1-22

ⓒ 저자와의 협약 아래 인지는 생략되었습니다.
이 출판물은 저작권법에 의해 보호를 받는 저작물이므로 무단 전재와 무단 복제를 할 수 없습니다.

책값   뒤표지에 있습니다.
ISBN 979-11-6504-509-8 03230

규 | 장 | 수 | 칙

1. 기도로 기획하고 기도로 제작한다.
2. 오직 그리스도의 성품을 사모하는 독자가 원하고 필요로 하는 책만을 출판한다.
3. 한 활자 한 문장에 온 정성을 쏟는다.
4. 성실과 정확을 생명으로 삼고 일한다.
5. 긍정적이며 적극적인 신앙과 신행일치에의 안내자의 사명을 다한다.
6. 충고와 조언을 항상 감사로 경청한다.
7. 지상목표는 문서선교에 있다.

하나님을 사랑하는 자 곧 그의 뜻대로 부르심을 입은 자들에게는 모든 것이 合力하여 善을 이루느니라(롬 8:28)